알고리즘을 이해하는 지침서

알고리즘이
지혜가 되는 순간

문영상 · 김보미 · 박준호

공저

———

황기현

감수

박영사

추천사

한국정보공학기술사회 회장 백형충

현존하는 인공지능 책 중에서 인공지능 알고리즘에 대한 과거와
현재, 그리고 미래를 쉽게 이해하고, 이를 사용하는 이유와 방법을
명확하게 전달하는 최고의 책으로 인공지능에 관심있는 모든 분
에게 이 책을 자신있게 추천한다.

랜드 소프트 대표 김병국

이 책은 인공지능의 핵심요소인 알고리즘을 매우 알기 쉽게 설명
하고 있다.
특히, 정보기술의 공학적 관점이 아닌, 철학적이고 논리적인 스토
리텔링 방식으로 알고리즘에 대한 신선함과 재미를 보여준다.
훌륭한 알고리즘은 수많은 학습과 경험을 통해 만들어진다. 알고리
즘을 경험하고 배우고 싶다면 이 책을 끝까지 읽어보기를 권한다.

아이티브릭 대표 이주환

수십 년간 IT업계에 종사하면서 기술은 지속적으로 진화한다고
느꼈다.
하루가 다르게 변화하는 빅데이터와 인공지능 분야에서 학자적 전
문 지식과 현장 경험이 담겨진 지침서라고 생각한다. 이 책을 통하
여 앞으로 인공지능이 만들어 나가는 새로운 세상을 기대해 본다.

지티지 부사장 노석종

이 책은 인간과 알고리즘의 관계를 중심으로 우리의 미래가 어떻게 변화하고 융합할 것인지에 대해서 쉽고 편하게 서술되어 있다. 경험에 의해 완성되는 알고리즘과 학습을 흉내내는 인공지능 기술을 초보자도 쉽게 이해 할 수 있게 도와주는 나침반이자 지침서가 될 것이다.

시즈더데이 대표 배성암

 우리의 손과 발, 변화하는 사계절 그리고 바닷가, 저자의 눈을 빌리자면 주위의 모든 것이 알고리즘이라고 하였다. 알고리즘을 '내 입맛에 맞는 떡볶이 레시피'에 비유한 이 책의 유쾌함은 매일 컴퓨터 코드와 분투하는 현업 개발자는 물론, 알고리즘에 대한 통찰과 미래가 궁금한 대중에게 '가장 효율적'이고 '가장 자연스럽게' 다가가는 법을 보여 준다. 인공지능이 지향하는 '인간의 지혜'로 탐구한 알고리즘의 본질을 한 권의 책으로 만나 보기를 권한다.

서문

    우리가 길을 걷다가 교통신호등 앞의 신호가 빨간등이면 멈추어 서고 이내 초록등이 되면 도로를 건너게 된다. 신호등 가운데 있는 노란등이면 잠시 후 신호가 바뀐다는 것을 우리는 잘 알 것이다. 이러한 것을 규칙기반(Rule Base)이라 하며 빨간등은 멈추고 초록등은 건너가고 하는 것처럼 어떠한 규칙을 설정해 놓고 그에 기반하는 선택을 통해 실행을 하는 것을 의미한다.

    또한, 지식기반(Knowledge base)은 초록등에서 빨간등으로 바뀌는 시간을 설정해 놓고 그 시간이 데이터화되어 이를 기반으로 실행하는 것을 의미한다. 인류가 두 발로 걷고 시각, 후각, 미각, 청각, 촉각 등의 오감을 통해서 생활을 하는 모든 것이 경험에 의한 학습으로 완성된 알고리즘과 같다고 할 수 있다.

    빠른 속도로 우리의 경험에 의한 학습을 흉내내는 인공지능 기술이 발전하고 있다.

    이 책은 총 5개의 장으로 구성되어 있다.

    1, 2장에서는 알고리즘이란 무엇인가라는 물음에서 시작하여 인간과 알고리즘의 관계를 중심으로 서술하였다. 아마도 이 부분은 인류학의 한 부분으로 이해를 해도 좋을 듯 하다.

    알고리즘을 이해하고 데이터와 패턴, 그리고 초연결을 통해서 자연적인 알고리즘이 무엇인지를 설명하면서 인간에게 친숙한 부분을 다루었다면, 2장에서는 인간을 중심으로 한 본연의 알고리즘 중심의 학습이란 무엇인가 그리고 이를 통한 인간의 감각을 통한 사고를 중심으로 내용을 구성하였다.

이러한 알고리즘의 이해를 통해서 3장에는 알고리즘의 내면을 통한 전략을 스토리텔링으로 풀어내는 데 중점을 두었다. 알고리즘이 가지고 있는 실행과 중첩이라는 것을 통해서 발전하는 마스터 알고리즘에 대해서 기술하였다.

이 부분까지 이해를 하였다면 기술 중심의 알고리즘을 4장에서는 중점적으로 다루었다. 이 영역은 최근 급속하게 발전하고 있는 디지털 기술 중심의 소프트웨어 그리고 빅데이터 기술을 통해서 완성이 되는 기술적인 측면에서의 인공지능에 대해서 다루었다.

5장에서는 인간 본연의 심리를 중심으로 한 마케팅 관점에서 다양한 욕구를 기술 기반으로 어떻게 할 것인지에 대한 고민에서 시작하여 우리의 미래가 어떻게 변화할 것인지 그리고 융합할 것인지에 대해서 다루었다.

결론적으로 이 책을 통하여 알고리즘에 대해서 좀 더 쉽게 다가갈 수 있는 좋은 지침서가 되었으면 하는 바람과 함께 4차 산업혁명의 중심이 되는 빅데이터, 인공지능 기술을 공학적인 측면에서 이루어가는 과정을 다양한 관점에서 알기 쉽게 표현하고자 노력하였다.

감사의 글

문영상

알고리즘에 대해서 이해하기 쉬운 책을 준비하면서 다양한 영역의 전문가들과 브레인 스토밍을 하였다.

대다수의 사람들은 알고리즘을 떠올릴 때 복잡한 수학, 물리학이 떠오르며 우리의 삶과 가까운 것이 아니라는 생각이 지배적이었다. 하지만 빅데이터와 인공지능을 시스템적으로 구현하는 일을 하다보니 알고리즘은 인간의 삶과 매우 밀접하다는 것을 깨달았고 인문학 측면에서 알고리즘을 바라보는 것이 필요하다는 것을 절실하게 느꼈다.

이 책의 구성은 절반은 인문학 측면에서의 알고리즘이고 나머지 절반은 인공지능 측면의 빅데이터 기술로 구성되어 있다.

결과적으로 보면 난해하기도 하고 다른 측면에서 보면 보편적인 우리의 생활을 정리한 것이기도 할 것이다.

등장하는 어려운 용어를 가급적 쉽게 풀어서 쓰도록 노력하였다. 이 책은 인공지능을 처음으로 접하는 학생들과 원리에 대한 이해를 필요로 하는 빅데이터와 인공지능 분야의 관심자를 대상으로 하고 있다.

이 책을 통하여 빅데이터와 인공지능에 대해서 한걸음 다가갈 수 있는 지침서가 되었으면 한다.

이 책이 나올 수 있도록 많은 지도와 조언을 해주신 케이씨에이 이원재 박사님, 이재영 전의원님, 에스엔이 컴퍼니 장세훈 대표님, 윤

한나 교수님, 이한종 CTO님, 인생의 큰 스승이신 조중기 교장 선생님 그리고 많은 관심과 도움을 주신 박영사 대표님 이하 임직원 여러분께 깊은 감사의 말씀을 드린다.

김보미

무엇보다 본 책을 발행할 수 있게 소중한 기회를 제공해주신 출판사 박영사 대표님과 마케팅팀 정성혁 대리님,·편집팀 김윤정님께 우선 깊은 감사를 드린다.
4차 혁명의 빠른 변화 앞에 비브릿지 커뮤니케이션을 운영하며 수많은 행사와 기획을 통하여 지원을 아끼지 않은 다양한 고객사 담당자 분들과 빅데이터와 IT 관련 많은 도움을 주신 공동저자 문영상 교수님께 또한 깊은 감사를 표한다.
공의로운 세상과 이를 주관하시는 하나님의 사랑 안에 저를 사랑하고 아껴주신 부모님과 더불어 사랑하는 조카 강하음, 예음, 혜린, 한솔에게 이 책을 바치고자 한다.

박준호

일천(日淺)한 지식으로 잡은 펜에 얼굴이 화끈거림을 숨길 수가 없음을 고백하며, 인류의 역사와 현재의 모습에서 인간의 삶을 가로지르는 알고리즘의 인사이트에 대해 조금의 느낌이라도 독자께 드릴 수 있다면 더 이상 바랄 나위가 없겠다.
이 책이 나올 수 있도록 많은 지도와 조언을 해 주신 주위의 많은 분들께 진심으로 감사드린다.

차례

PART

01

알고리즘의
본질에서

CHAPTER 01 알고리즘의 본질

01 알고리즘의 본질

현생 인류를 나타내는 호모사피엔스(Homo Sapiens)에서 Homo 는 라틴어로 "사람" 이라는 뜻과 동사인 "슬기롭다" 뜻을 가진 Sap- io*의 현재 분사인 Sapiens의 합성어로 슬기로운 또는 지혜로운 사 람이라는 뜻을 가지고 있다.

우리가 얘기하는 인공지능(Artificial Intelligence)은 인간이 만들 어 낸 기술로서 우리의 생각과 행동을 흉내내는 범주에 속하는 영 역을 의미한다.

인간은 거의 모든 시간을 생각이라는 부분에 할애하고 그 생각 의 결과는 선택이라는 결과를 만들어 내고 이를 실행하며 하루 하 루를 살아간다.

이러한 실행을 이루기까지 생각이라는 영역은 먼 조상으로부터 혹은 인간 자신이 겪은 내재화한 수많은 경험을 학습이라는 습관 을 통하여 기대치를 높여가며 결과를 만들어 낸다. 그 기대치가 논 리 또는 물리적인 행위를 이루어 나가며 논리적 행위는 지금까지 의 학습을 통한 머릿속의 경험을 통하여 만든 결과를 통해서 생각 의 결론이 내려지게 되는 것을 의미한다.

이것은 단순히 실행의 결과가 머릿속에서만 존재하는 것이며 생각이라는 영역 안에 머물러 있는 논리적인 것을 의미한다.

그에 반해 물리적 행위는 결과를 만들어 낸 우리의 내재화된 생각이 실제 행동으로 이루어지는 것을 의미하며 이것은 약하거나 강한 행위로 실제 물리적인 행동을 이루는 것을 뜻한다.

마치 인공지능을 소프트웨어적이고 기계적인 일종의 신경망 중심의 딥러닝, 머신러닝과 같은 기술 또는 모델을 통한 학습의 결과로서 만들어지는 성과 지표(Performance Index)가 생각의 결과이기도 한 것이다.

이러한 성과 지표를 바탕으로 좋은 결과를 만들어 낸 것이 인공지능 모델의 실행 여부를 판단할 수도 있기 때문에 매우 유사한 개념이라고 생각할 수 있다.

생각의 결과를 만들어 내고 이것을 바탕으로 실행의 여부를 판단하는 근거로서의 선택을 하게 되는 실행의 단계로 가는 과정을 이 책에서는 알고리즘이라고 정의한다.

흔히, 알고리즘(Algorithm)은 어떠한 문제를 해결하기 위한 과정이나 방법을 의미하는데 이는 경험과 학습이 내재화 되어 있는 것을 의미한다. 우리는 두 발로 직립보행을 하고 도구를 사용하는 모든 인간의 행동이 알고리즘에 의해 탄생한 것이라고 얘기할 수 있다.

알고리즘을 이루는 요소인 경험과 학습은 우리가 이전에 조상으로부터 물려받은 논리적 물리적 요소뿐만 아니라 태어나서 경험하는 다양한 외적인 부분과 함께 융합되어 지속적인 반복에 의해서 생각이라는 것을 통해 효율적인 알고리즘이 탄생하게 되는 것이다.

이 책은 단순히 정보 기술적인 측면에서의 인공지능을 학습하는 요소로서의 책이 아니고 우리가 생각하는 행동을 기반으로 하는 좁은 의미로서의 인지 행동 측면뿐만 아니라 산업과 기술을 이해하는 본질적인 측면에서의 이해를 돕는 것이 목표라고 할 수 있다.

1.1 알고리즘의 이해

오래전에 읽었던 소설 중에 1984년 미국의 소설가 윌리엄 깁슨(William Gibson)이 쓴 소설 뉴로맨서(Newlawmancer)에서 "미래는 이미 와 있다. 단지 널리 퍼져 있지 않을 뿐이다."라고 기술했다. 단순하고 평범해 보이는 소설 속의 글이 인공지능을 이해하는 지금의 시점에 많은 영감을 주었다.

우리가 겪어 왔고 겪어야 될 현재와 미래는 이미 다가왔지만 우리는 그것을 단지 인지하지 못하고 있는 것일지도 모른다는 생각이 들었다.

하지만 이러한 현재와 미래도 과거가 없었더라면 존재하지 않을 수 있다는 생각이 들었다. 인공지능, 빅데이터, 알고리즘을 이야기할 때 인류사라고 할 것까지는 없지만 지금까지의 인류의 역사를 알고리즘의 관점에서 바라봐야 할 필요성을 절실히 느꼈다.

알고리즘은 인공지능이 나오면서 새롭게 우리의 앞에 펼쳐진 것이 아니라 지금까지의 오랜 기간 동안 내재화된 인간의 하나 하나의 작은 동작이 하나의 체계적이고 효율화된 경험에서 탄생된 산물이라는 것을 깨닫게 되었다.

우리가 우연히 길을 걷다가 앞에 얼음이 얼어 있거나 혹은, 커다란 웅덩이 등 장애물이 있다면 우리는 그 길을 주의하여 걷거나 또는 피해 갈 것이다.

이런 행동을 하는 것은 우연히 만들어진 것이 아니라 두 발로 걸음걸이를 배울 때부터 수없이 많이 넘어지고 다치는 것을 반복하면서 배운 경험의 산물로 만들어진 결과로서 효율적인 기계적 학습 경험을 통해서 몸에 배인 결과라고 할 수 있다.

이러한 예들은 걸음걸이 같은 무심코 행하는 작은 행동을 알고리즘이라 하고 이러한 알고리즘은 단순히 호모사피엔스의 대표적인 특징인 직립보행을 설명하기 위한 것이 아니라 인류가 지금까지 살아남을 수 있는 수많은 특징적 경험을 포함하고 있다는 것을 이해할 필요가 있다.

그림 1-1 인간과 인공지능의 알고리즘 비교

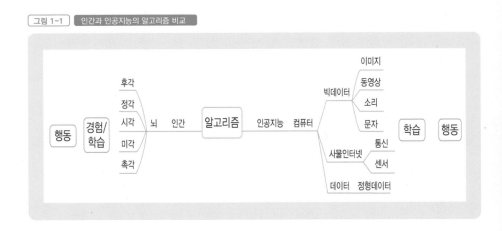

알고리즘의 이면에는 우리가 가지고 있는 시각, 청각, 후각, 미각, 촉각으로 이루어진 오감이 다양한 사물을 인식하고 있다. 이는 마치, 센서와 같은 역할을 하는 것으로 우리의 신체 일부분으로 구

성이 되어 있어서 이를 통해 축적된 다양한 행동에서 나오는 일종의 데이터가 쌓여 정상적인 생활을 가능하게 하고 있다.

이는 인간의 오감으로부터 수집되는 다양한 데이터가 뇌에서 처리되고 융합이라는 결과를 만들어 내는 것이라고 할 수 있다. 마치, 시각과 청각을 융합하는 것을 예를 들어 보면 다음과 같다고 할 수 있다.

우리가 동해 바다에 가서 푸른 바다의 풍경을 보며 하얀 물보라를 일으키는 파도 소리를 듣고 있다고 하자. 이것은 푸른 바다의 풍경을 보며 시각적으로 들어오는 다양한 요소 즉, 멀리 보이는 파란색의 바다, 멀리 보이는 하늘, 가깝게 일렁이는 파도 그리고 청각적으로는 바닷가에서 들리는 갈매기 등의 새소리, 파도소리 등이 우리의 눈과 귀를 통해서 뇌에 저장이 되고 처리가 되면 우리는 과거 바닷가에서 느꼈던 각종 경험과 함께 융합되어 우리의 생각, 느낌을 결과적으로 만들어 내는 것이다.

어찌 보면 인류가 수많은 빅데이터 속에서 위와 같은 경험적 속성을 수집하고 저장하여 분석, 활용하는 것이 정보 기술로 만들어 낸 인공지능의 한 부분과 매우 유사하다고 생각할 수 있다.

하루를 시작하는 아침에 일어나 씻고 밥을 먹고 옷을 갈아입고 회사로 출근하게 된다. 우리가 했던 아침에 일어나는 이 행동의 패턴을 한번 바꾸어 보자. 예를 들어 며칠 간만 일찍 일어나 아침에 커피 한잔을 마셔 보자. 그리고 이후 커피를 마시지 않는다면 이상하다는 것을 느끼게 될 것이다. 몇 일 간의 행동이지만 그 행동이 우리의 행동 경험에 들어와서 습관처럼 일부분이 되었고 이것을 바꾸게 되면 정상적이지 않다고 느끼게 되는 것이 우리의 본모습일 것이다.

알고리즘 속에는 우리가 경험했던 수많은 시간 속에 행하였던 행동들이 녹아 들어 있다. 이러한 행동을 이해하는 것이 인공지능과 알고리즘을 이해하는 첫걸음이라는 생각이 든다.

1.2 알고리즘의 조건

흔히, 알고리즘을 얘기할 때 복잡한 수학이나 통계학 또는 논리적인 해결 방법 등을 떠올리게 된다. 이러한 알고리즘은 어떠한 문제를 해결하기 위한 방법과 절차를 의미한다. 알고리즘 속에서 나타나는 다양한 문제는 우리가 해결해야 하는 선택을 만들어 나가는 과정이라고 할 수 있다. 이러한 알고리즘(Algorithm)의 어원은 약 9세기의 과학자인 Al Khorezmi의 이름에서 유래되었으며, 4차 산업혁명이 진행되고 있는 지금, 정보 기술을 통해서 우리는 4차 산업혁명의 중심에 서있게 되었다.

그림 1-2 알고리즘의 조건

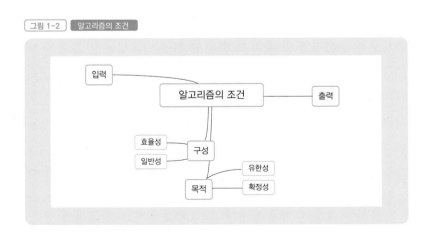

알고리즘은 흔히 과거 컴퓨터 시스템 등을 말할 때 시스템의 구성요소인 입력과 출력, 구성, 목적과 매우 유사한 특징을 가지고 있다.

입력은 그에 해당하는 원인에 기인하는 입력 값을 의미하며 이러한 입력 값은 사실에 기반한 어떤 값(Value)을 의미한다. 이러한 사실에 기반한 값은 우리가 어떤 행동을 할 때 결과적으로 체득하는 정성적인 부분도 포함이 되며 과학 기술이 발전함에 따라서 사실을 기반으로 하는 정량적인 값이 입력 값으로 활용하게 된다. 이러한 입력 값은 효율적이고 확정적인 결과값을 만들어 내는 데 있어서 매우 중요한 역할을 수행한다. 예를 들어 걸음걸이를 배울 때 열 번 넘어질 것을 두세 번 넘어지며 올바른 걸음걸이를 배울 수 있는 것과 같은 이치라고 할 수 있다.

알고리즘 구성에 해당하는 부분은 효율성과 일반성이라고 할 수 있다. 입력 값에 해당하는 값이 입력되고 결과라는 출력으로 만들어 질 때 그것을 이루는 효율성과 일반성의 의미는 알고리즘을 이루는 학습을 이루는 단계를 통해서 결과가 만들어지는데, 이에 대한 중간 단계의 학습과 경험이 명확하면서도 효율적인 결과가 만들어져야 된다는 것을 의미한다. 또한, 일반성은 적용된 알고리즘이 다양한 문제에 해결되어야 하는 것을 뜻한다.

이러한 일반성은 현재의 인공지능에서도 매우 중요한 부분이며 인간의 경험과 학습 면에서도 응용이라는 부분에서 활용되는 것이라 볼 수 있다. 이것은 "하나를 알려 주면 열을 안다"는 우리의 속담에서와 같다고 할 수 있다. 하나의 해결 방법을 통해서 유사한 문제를 해결해 나갈 수 있다는 것은 우리가 언어를 배우는 것과 매우 유사하기도 하다. 글자를 배우고 이것을 조합하고 이것을 글로 표현하며 말로 옮길 수 있는 것과 같은 이치라고 할 수 있다.

알고리즘의 목적에 해당하는 유한성과 확장성을 통하여 알고리즘은 끝없이 무한 루프를 형성하는 것이 아니라 어느 단계에서는 끝이 나고 정해진 규칙에 따라 정확한 결과가 만들어지는 것을 목적으로 한다. 이러한 목적은 알고리즘을 이루는 중요한 요소이기도 하다. 인공지능을 실현하기 위해서 만들어진 수많은 알고리즘들은 컴퓨터 코드와 라이브러리화 되고 다양한 프로그래밍 언어에 이식되어 활용되고 있다. 이러한 알고리즘은 다양한 문제를 해결하는 기반 구조로서 그의 기반이 되는 수학과 통계학, 물리학 등 다양한 기초 학문을 중심으로 만들어져 활용되고 있고, 이것은 발전하는 정보 기술 즉, 소프트웨어와 하드웨어를 기반으로 알고리즘을 실행하게 하는 기반 구조와 융합이 되어 발전하고 있다.

1.3 알고리즘의 속성

미국의 철학자인 랄프 왈도 에머슨(Ralph Waldo Emerson)은 "자연의 속도에 맞춰라. 그 비결은 인내하는 것이다."라고 하였다. "자연의 속도에 맞춰라"라는 의미는 이미 인류가 오랜 시간동안 만들어 온 알고리즘보다 더 크고 위대한 자연의 알고리즘 속에 모든 것을 맡기고 그에 순응함으로써 자연의 알고리즘과 그에 속하는 알고리즘이 결합되어 올바른 결과를 만들어 내는 것이 아닐까 하는 상상을 해본다.

누구나 자전거를 타고자 하는 마음만 가지면 자전거 타는 것을 쉽게 배우고 탈 수 있다. 하지만 어렸을 때 자전거의 안장에 처음으로 앉았을 때 아마도 무척이나 막막한 느낌을 받았을 것이다. 그렇지만 이내 두려움을 딛고 몇 번의 넘어짐을 통해서 자전거 타는 원리를 경험하고 이를 학습하고 시행착오를 일으키며 거리를 질주할 때 이렇게 쉽게 탈 수 있구나 하는 자신감을 얻었던 기억이 있을 것이다.

앞서 알고리즘은 어떤 문제를 해결하기 위한 것이라고 하였다. 인류가 지금까지 스스로 경험과 학습을 통해서 합리적인 결과를 만들어 낸 것처럼 효율적인 방식이나 방법을 만들어 왔다.

효율적인 방식이나 방법의 결과를 알고리즘이라 하지만 달리 보면 이보다 더 큰 알고리즘이 존재하고 그 알고리즘의 이면에서는 독특한 속성이 존재한다는 것을 느낄 수 있을 것이다. 이러한 자연계 및 인류의 알고리즘은 몇 가지의 속성을 가지고 있다.

그림 1-3 알고리즘의 속성

첫째, 알고리즘은 지극히 주관적인 속성을 가지고 있다. 주관적이라는 것은 경험과 학습에 대한 주체가 있다는 것이다. 그리고 이러한 주체가 능동적으로 경험한 결과를 통한 학습이 알고리즘으로 만들어진다는 것이다. 따라서 생성된 경험은 지극히 주관적이고 타 객체가 개입되지 않은 특성이 내재화 되어 있다.

이러한 주관적 내재화는 어떠한 문제를 해결하기 위해서 인간 개개인이 실행하고 경험하는 것보다 이러한 주관적 내재화를 각 객체가 경험한 내용이 모두 다르기 때문에 공통적인 알고리즘도 존재하지만 개개의 알고리즘이 훨씬 더 큰 비중을 차지하고 있고 중요한 의미를 가지고 있다. 따라서 어떠한 공동의 목표와 목적을 이루기 위해서는 개개의 경험과 학습 방법 및 과정을 포함한 집단 지성이 훨씬 큰 힘을 낼 수 있게 되는 것이다.

이와 같이 알고리즘의 주관적인 특성으로 인해서 각 객체의 결과가 모두 다르게 나타나는 것이다. 마치 자전거를 배울 때 어떤 사람은 빨리 배우기도 하고 어떤 사람은 늦게 배우는 것과 같이 넘어지지도 않고 안정적으로 자전거를 타는 결과가 나올 때까지 각각 다르게 나타나는 것이라고 할 수 있다.

둘째, 알고리즘은 폐쇄적인 속성을 가지고 있다. 폐쇄적이라는 의미는 사전적으로 외적인 요소와 결합이 되지 않고 소통하지 않는 것을 뜻한다. 이러한 폐쇄적이라는 속성은 공통적으로 하나의 알고리즘을 생성할 때 해당 경험이 다른 것과 섞이지 않는다는 것을 의미한다.

폐쇄적이라는 속성은 마치 하나의 루프(Loop) 같은 특징을 가지고 있다. 하나의 경험적 특징을 통해서 결과를 이루어 갈 때 처음으로 돌아가려는 성질을 가지고 있고 처음으로 돌아가서 다시 경험하려는 것을 의미한다. 처음으로 돌아가는 것은 목표한 것에 대한 최상의 결과를 만들어 내는 것을 의미한다. 마치 자전거를 처음 배울 때 출발선 상에서 페달을 힘껏 밟고 앞으로 나가기를 반복하며 이러한 경험이 많아질수록 좀더 빠른 속도로 목표물을 향해 안정적으로 주행하는 것과 같다. 최상의 결과에 대한 만족이 이루어졌을 때 비로소 학습이라는 것을 멈추게 되게 된다. 이러한 폐쇄적인 특성이 있었기에 다른 알고리즘과 융합이 되어 새로운 결과를 지속적으로 만들어 나갈 수 있게 되는 것이다.

셋째로는 확신적이라는 특징을 말할 수 있다. 알고리즘은 하나의 경험을 통해서 만들거나 체득된 정보를 바탕으로 하기 때문에 잘못된 결과가 나왔을 경우 다시 반복적으로 개선하려고 한다. 이렇게 개선한다는 것은 조금 더 나은 결과를 만들어 나가려는 속성을 가지고 있는 것이라고 할 수 있다. 이러한 확신은 최초로 경험할 때 만들어진 결과가 다른 객체가 시도하여 만든 결과보다 우월하다는 생물학적 기초 위에 있는 것과 같은 의미이다.

학교에서 특정한 반에 있는 학생들을 보면 각자의 개성이 다양하며 행동이 이성적 또는 합리적이지도 않으면서 특정 행동을 고집하거나 지향하는 것을 흔하게 볼 수 있다. 이것은 특정한 행동은 지극히 주관적인 확신에 의한 것이라고 볼 수 있다. 물론, 이것이 긍정적으로 작용할 수도 있지만 부정적으로 작용할 수도 있다. 그래서 공동의 목적을 달성하기 위한 좀더 광의의 알고리즘을 만들려면 가장 중요한 것이 소통이라는 요소일 것이다.

그 외에 넷째, 알고리즘은 지극히 정량적인 속성을 포함하고 있다. 정량적이라는 것은 계산이 가능하다는 의미를 담고 있다. 결과에 대한 측정을 통해 특정 값을 정하는 것을 말한다.

데이터 분석에서도 정량적 분석과 정성적 분석 두 가지가 있다. 물론 이 두 가지를 모두 합쳐 분석을 하면 효율적인 분석이 가능하지만 알고리즘에서는 정량적인 계산만 수행하는 특징을 가지고 있다.

어떠한 경험을 이루어 결과를 만들어 나갈 때 과거의 경험과 현재의 경험을 비교하여 좀더 나은 경험의 결과에 대한 부분을 지극히 정성적인 계산에 의해 최종 선택을 하게 된다. 최종 선택을 하게 된다는 것은 미래에 동일한 상황에 마주할 때 과거의 결과값을 기억하여 그 결과를 적용하게 된다는 것이다. 이것은 앞서 얘기한 자전거를 처음 배울 때 넘어질 때는 아마도 좀더 많이 무릎을 다치지만 점점 숙달이 되면 넘어져도 조금만 다치게 되는 결과가 나올 것이다. 그것은 넘어졌을 때의 결과를 이미 기억을 하고 신체의 반응이 무의식적으로 학습이 되어 계산된 값의 최적 값을 수용한 결과라고 볼 수 있다.

지금까지 알고리즘의 속성에 대해서 알아보았다. 이러한 알고리즘은 지극히 주관적이고, 폐쇄적이고, 확신적이면서, 계산적이라는 것을 알 수 있고 세상의 모든 결과는 알고리즘의 이와 같은 속성을 포함하여 만들어지고 있다고 생각할 수 있다.

오펜하이머는 인공지능을 얘기할 때 "우리 자신 안에 있는 악을 부인할 때 우리는 스스로 비인간화되며, 우리 운명뿐 아니라 다른 이들의 악을 다룰 수도 없다"고 했다. 이러한 오펜하이머의 인공지능은 지금까지 설명한 알고리즘의 속성을 가지고 있기 때문에 이렇게 말한 것이 아닐까 하는 생각을 해본다.

인류는 그가 말한 '악'으로 인공지능 무기라는 '비인간'을 만드는 것이라고 했으며, 결국은 알고리즘은 인간이 만들어낸 알고리즘의 범주 안에 인공지능이 포함되어 있으며 위와 같은 4가지의 속성을 기반으로 하기 때문에 처음에는 통제가 가능하지만 결국에는 통제가 불가능한 영역으로 점점 다가가지 않을까 하는 생각을 해본다.

1.4 알고리즘과 데이터

자연계에 속해 있는 인간은 자연의 일부분이다. 자연계에 물질을 구성하는 기본 입자는 원자이며 원자핵과 전자로 이루어져 있다. 이러한 원자의 조합으로 이루어져 있는 다양한 자연계 속에 인간도 속해 있다. 이러한 자연계의 다양한 구성 요소들 속에 존재하는 모든 것은 각각 동떨어진 것이 아니라 하나의 유기체처럼 상호작용을 통해서 논리적이고 물리적인 특성을 가지고 연결이 되어 있다.

유기적인 연결 속에서 존재하는 알고리즘은 인간이 진지하지 못하다고 하더라도 상호작용이라는 특이한 알고리즘을 통해서 결과를 만들어 내고 있다. 이러한 자연계의 상호작용은 인간이 만들어 낸 상호작용과도 매우 동일하게도 느껴지기도 한다. 마치 자연계의 상호작용은 빅데이터를 통해서 사물을 인식하고 주변의 물체를 스스로 식별하고 분류하는 일련의 결과를 만들어 내는 알고리즘을 기반으로 하는 인공지능 기술이 그것을 흉내내서 만들었다고 할 수 있다. 인간이 오감으로 추출해 내지 못하는 각종 요소들을 정보통신의 센서 기술과 융합하여 분석의 효율을 높이는 것과 같은 방식이라고 정의할 수 있다.

데이터가 인공지능이 실현하는 지혜의 단계로 다가서기 위해서는 정보(Information)로 처리를 하고 이렇게 처리된 정보를 경험과 융합하여 지식의 단계로 발전 이러한 지식이 학습을 통해서 지혜의 영역으로 발전하는 일련의 과정이 인공지능에 숨어 있다고 볼 수 있다.

자연계의 알고리즘과 같이 인공지능의 알고리즘은 데이터가 없이는 만들어지기가 매우 어려운 특성을 가지고 있다. 문제를 해결하기 위한 과정과 방법을 알아내기 위해서는 사실에 기반한 데이터가 있어야만 가능하기 때문이다.

세상에는 끊임없이 데이터가 생성되고 있다. 그중 인류가 실제로 활용하는 데이터는 약 1%에 불과하고 이중에서도 각종 규범 및 법률로 인해서 활용 가능한 데이터는 실제적으로 매우 줄어든다. 이중 존재 여부를 알 수 없거나 활용되지 못하는 데이터를 다크데이터(Dark Data)라고 한다. 다크데이터는 우주의 27%를 차지할 것으로 추정되는 보이지도, 들리지도, 느낄 수도 없는 존재를 의미하는 암흑 물질(Dark Matter)에서 이름을 따 온 것이다.

이러한 다크데이터는 미래에 사용할 가능성에 대비하여 저장장치에 쌓아 놓고 방치하는 데이터를 의미한다. 예를 들어 우리가 사용하는 노트북 속에도 활용되지 않고 그저 쌓아 놓은 데이터만해도 엄청난 양의 데이터가 존재할 것이다. 따라서 다크데이터는 문서, 이미지, 동영상, 텍스트 등 다양한 형태로 존재한다. 다양한 형태로 생성된 데이터는 다음과 같은 특징을 가지고 있다.

첫째, 사실에 기반한 행동의 결과라고 할 수 있다. 데이터(Data)는 라틴어로서 "사실(Fact)로서 주어진다(Given)" 라는 뜻을 가지고 있다. 최근 4차산업혁명의 중심이 되는 사물 인터넷은 정보 통신 기술의 발전으로 수많은 정보 통신 기기 및 센서가 인터넷에 연결되고 그로 말미암은 데이터가 생성된다. 이러한 데이터는 사실을 기반으로 만들어진 사실(Fact) 데이터라고 할 수 있다. 사실 데이터는 수많은 정보 통신 기기 및 센서에서 사실에 기반한 값으로서 산출되는 데이터가 거의 100%를 차지하고 있다. 이러한 데이터는 생성의 측면에서도 매우 중요하지만 활용의 측면이 더욱 중요한 부분이라고 할 수 있다.

데이터는 데이터 그 자체이기 때문에 엄밀히 얘기하면 정보가 아니다. 따라서 정보로서의 가치 있게 활용하는 측면은 또 다른 영역으로 보아야 할 것이다.

둘째, 데이터는 연결의 의미를 수반하고 있다. 독립된 데이터 셋은 가치가 떨어지고 활용적인 측면에서도 가치가 없다고 할 수 있다. 하지만 데이터와 데이터가 연결이 되는 순간 정보로서의 가치가 발생하게 된다.

무수한 네트워크에 연결된 수많은 정보 기기가 생성하는 데이터는 연결로서 이어질 때 사실과 사실이 결합되어 더 나은 사실을 만들어 나갈 수 있게 되는 것이다.

셋째, 데이터는 알고리즘의 원유라고 할 수 있다. 알고리즘을 만든다는 것은 생성적인 측면에서 효과적인 과정과 방법을 찾는 일련의 과정이라고 이라고 정의할 수 있다. 이러한 알고리즘을 만들기 위해서 사실에 기반한 데이터의 수가 많을수록 복잡하기는 하지만 의미 있는 결과를 만들어 낼 수 있기 때문이다.

아마도 어떠한 효율적인 과정을 찾는 것은 기업에서 제품을 효율적으로 만든다는 것과 판매한다는 것, 자동차가 사물을 구별하여 목적지까지 안전하게 도착한다는 것, 다양한 언어를 인식하고 번역하고 통역을 한다는 것 등이 해당될 수 있다. 따라서 수많은 최첨단의 신기술들은 데이터를 기반으로 하고 있다는 것을 새삼 느끼게 되는데 데이터는 이러한 세 가지의 특징을 가지고 있다.

데이터의 특징에 대해 떡볶이를 만들기 위한 알고리즘을 예로 들어 설명해 보겠다.

그림 1-4 | 떡볶이를 만들기 위한 알고리즘

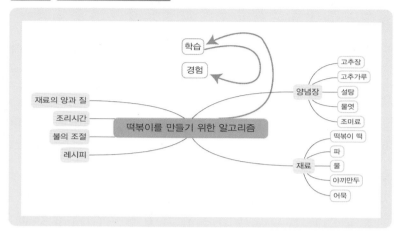

요즈음 미디어에서 요리에 대한 프로그램이 많이 만들어지고 있다. 그 중, 내가 좋아하는 떡볶이를 만들어 가는 과정을 보도록 하겠다. 처음부터 맛있는 떡볶이를 만들기는 쉽지 않을 것이다. 맛있는 떡볶이를 만들기 위해서는 기본적으로 질 좋은 재료와 함께 쫄깃한 떡이 있어야 하고 떡볶이의 맛을 내기 위한 고추장을 비롯한 다양한 양념들로 조합된 양념장이 있어야 할 것이다.

이미 존재하는 다양한 재료들을 조합하여 장을 만들고 불의 조절과 시간 등 조리에 필요한 다양한 요소들을 융합하여 만들 것이다. 이러한 과정을 자주 반복하다 보면 나중에는 맛있는 떡볶이를 쉽게 만들어 나갈 수 있는 것이다. 이러한 전 과정이 알고리즘이며 알고리즘은 지속적으로 만들어 질 것이다. 하지만 사람들마다 선호하는 맛이 틀리기 때문에 보편적으로 맛있는 떡볶이를 만들기는 쉽지 않지만 맛있는 떡볶이를 만들기 위한 알고리즘은 사람마다 모두 다를 것이다.

위와 같은 예에서 우리가 알 수 있는 것은 사실에 기반한 불의 조절, 조리 방식, 재료의 기준 등이 있을 것이고 각각의 재료가 연결되어 우리가 원하는 맛이 탄생하게 되며 이러한 과정이 지속적으로 반복되게 된다면 우리는 떡볶이 뿐만 아니라 비슷한 종류의 요리를 만들 때 많은 참고가 될 것으로 이것이 알고리즘인 것이다. 하지만 인간은 불충분한 경험의 시간이나 데이터로 인해서 합리적인 판단을 할 수 없거나 효과적인 방법을 만들어 낼 수 없는 상황에서 심리학에서 말하는 휴리스틱과 같은 형태로서의 행동 또한 할 수 있다. 역설적으로 알고리즘이 내재화 되어 문제해결에 있어서 복잡한 문제에 직면하였을 경우 초기에는 휴리스틱을 이용하여 과제를 단순화시킨 후 단순한 의사 결정 규칙을 사용하여 처음부터 최종 결정에 이르기까지의 과정에 적용하여 해결하는 것도 일종의 내재된 알고리즘이라고 할 수 있다.

우리는 하루에도 수많은 선택을 통해서 합리적인 결과를 만들어 내고 있고 이러한 결과를 통해서 행동하고 있다. 이러한 선택의 중심에는 데이터가 있고 이를 기초로 합리적인 알고리즘이 만들어질 수 있다는 것을 생각하게 된다.

1.5 알고리즘과 패턴

패턴이라는 말을 우리는 많이 들어 보았을 것이다. 패턴(Pattern)은 일정한 형태의 유형을 나타내는 말이지만 우리의 시각은 정형적인 패턴에 익숙해져 있다. 정형적인 패턴은 우리가 입는 옷을 비롯해서 자연계에서 존재는 육각형의 벌집 등 다양한 형태의 패턴이 우리 주위에 존재한다.

이러한 패턴을 정보 기술적인 측면에서 보면 컴퓨터 상에 존재하는 다양한 데이터도 속성에 포함되어 있는 값, 시계열적인 데이터의 나열 등 다양한 형태로서 존재하고 있다.

특히, 패턴은 공간적 또는 시간적인 측면에서 나타나는 관찰 가능한 현상을 포함하고 있거나 생성된 사실 혹은 데이터로서, 형태 및 구조 등을 내포하고 있는 일정한 유사성 또는 동일성이 내재된 속성을 가지고 있는 것을 패턴이라고 한다.

이러한 패턴은 알고리즘과 깊은 관련성이 존재하고 있다. 예를 들면 어떠한 데이터를 기반으로 경험한 결과 값은 패턴으로 만들어진다. 그러한 패턴 속에는 효과적인, 효율적인, 합리적인 부분이 포함된 형태로 표출되며 이렇게 표출된 결과는 어떠한 형태의 구조를 띄고 있다.

그림 1-5 패턴의 요소

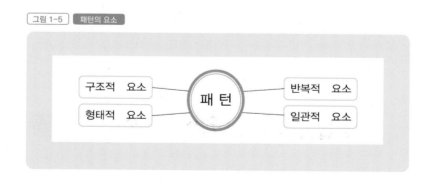

이러한 패턴은 휴대폰를 보호하기 위한 보안 패턴 내지는 효과적으로 공부하기 하기 위한 공부의 패턴, 사고를 내지 않고 운전을 하기 위한 효율적인 자동차 운전 패턴, 건강한 삶을 영위하기 위한 운동 패턴 등 모두 다양한 경험을 통해서 만들어 낸 알고리즘의 결과라고 할 수 있다.

다음은 패턴을 이루는 4가지의 요소를 소개한다.

첫째, 구조적 요소의 특징은 패턴을 형성할 때 패턴을 이루는 프레임을 의미하는 것으로 어떠한 기반 구조로 이루어졌는가를 의미한다. 이러한 구조적 특징은 다양한 결과값을 만들 때 많은 비중을 차지하는 부분이라고 할 수 있다. 어떠한 원인이 발생할 때 그 원인적 요소가 결과에 어떤 형태로든 영향을 미치게 되는데 이를 이루는 요소로서 결과를 의미한다고 할 수 있다.

둘째, 형태적 요소가 있다. 패턴을 이룰 때 이것을 구성하고 있는 구체적인 요소를 의미하며 이러한 요소는 다양한 패턴을 이루는 형식을 만들게 되는 것을 의미한다. 형태적 패턴은 그를 이루고 있는 근원적인 요소를 포함하고 있으며 마치 벌집의 형태와 같은 여섯 개의 모를 가지고 있는 헥사곤(Hexagon) 패턴 등이 있을 수 있다. 이러한 육각형은 공간 등을 효율적으로 구성하게 되어 견고한 특징을 가지므로 다양한 외부의 충격을 견디는 부분에 사용되고 있다. 뿐만 아니라 철새의 무리가 먼 거리를 여행할 때 취하는 V, W자의 비행 형태 등도 하나의 패턴이라고 할 수 있다. 이러한 형태적 요소로서 패턴을 보면 지극히 효과적인 결과를 만들어 나가는데 중요한 부분이라는 것을 알 수 있다.

셋째, 패턴은 반복적 요소의 성질을 가지고 있다. 반복적이라는 의미는 주기적으로 동일한 또는 유사한 형태를 취하는 것을 알 수 있다. 유사한 형태의 패턴에서 반복성이 깨지게 되면 우리는 이것을 시계열 데이터에서는 특이 사항이라고 해석할 수 있다. 이러한 패턴은 안정적인 특징을 포함하고 있으며 우리가 결과를 예측할 수 있는 지극히 평범한 구조를 의미한다.

마지막으로 일관적 요소를 포함하고 있다. 일관적이라는 말은 행하는 행동이 처음부터 끝까지 한결같음을 의미한다. 이것은 세 번째 요소인 반복적 특징과도 같은 의미를 가지고 있지만 패턴의 지향하는 바가 수직적이고 수평적이라고 할 수 있는 것을 나타낸다. 일관성은 패턴을 이해 하는 데 중요한 부분을 차지한다.

패턴을 이해하면 효율적인 알고리즘을 만들 수 있고 효율적인 알고리즘은 명확하고 합리적인 결과를 도출할 수 있게 된다. 우리의 걸음걸이, 필적, 얼굴의 생김새, 실행하는 행동 등 모두 오래 전부터 인류가 경험하고 학습한 결과가 내재된 결과라고 할 수 있다. 이러한 것이 모두 알고리즘으로 탄생한 결과라고 할 수 있다.

지금은 가장 최적화된 알고리즘이라고 하더라도 과거 또는 미래에는 우리에게 이로운 알고리즘이 필요 없는 알고리즘이 될 수도 있다.

1.6 ▶ 알고리즘과 초연결

인터넷이 처음 세상에 등장했을 때 저자는 인터넷에 연결하기 위해서 TCP/IP(Transmission Control Protocol/Internet Protocol)라는 네트워크 소켓 프로그램을 구동하여 컴퓨터를 전화 회선에 연결하고 에뮬레이터라고 하는 통신 프로그램을 이용하는 번거로운 과정을 거쳐 인터넷의 세계와 접속하였다.

지금 생각해 보면 초기의 인터넷 속에는 많은 정보가 있기보다는 새로운 정보의 갈망에 의한 취득이라는 측면에서 호기심을 자극하는 그 어떤 매개체 정도로 인식이 되었다. 그것이 내가 인터넷이라는 사이버 세상에 접속하며 처음에 가졌던 느낌이었다.

세월이 흘러 정보 기술이 발전하고 통신 기술이 발전하면서 우리가 꿈꾸고 이상적으로 그려 왔던 정보의 세상이 눈앞에 펼쳐 지고 우리는 그 속에 우리의 생각을 차곡차곡 쌓아 둔 엄청난 정보가 수많은 사람과 연결이 되게 되었다.

인간은 사회적 동물이라고 했다. 하지만 지금 생각해 보면 사회적 동물이라는 시각보다는 무엇이든 연결을 하고 싶어하는 속성을 지닌 네트워크를 지향하는 존재라는 생각이 든다.

네트워크적인 존재로서의 인간이 이제 기계와 연결되어 새로운 연결성의 대역폭이 기하급수적으로 증가하는 초연결의 세상으로 빠르게 변화하고 있다는 것을 피부로 느끼게 된다. 초연결을 지향하는 새로운 혁명은 4차 산업혁명이라는 이름으로 진행이 되고 있고 우리가 발전시킨 다양한 기술의 요소들이 네트워크로서 연결이 되고 이 연결을 통해서 데이터가 생성이 되어 이루는 새로운 세상이 지금 눈앞에 펼쳐지는 초연결 사회의 모습이지 않을까 생각한다. 지금 끊임없이 연결되는 산물로서 생성되는 모든 빅데이터는 똑똑한 알고리즘을 만들어 내는 원천이 되고 있다. 이러한 의미에서 지금의 세상은 모든 것이 연결되는 초연결 사회에 기반을 둔 사회라는 생각이 들었다.

그림 1-6 초연결 사회

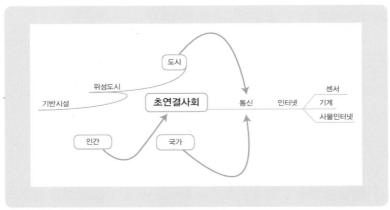

연결도 아닌 초연결이라는 것이 의미하는 것은 무엇일까? 그리고 그것의 미래는 무엇일까 궁금하지 않을 수 없다.

하나의 알고리즘은 초연결에서 파생되는 결과물에서 만들어 지며 이러한 연결성 속에서 우리가 지향하는 결과를 만들어 내는 것이 바로 4차 산업혁명이 아닐까 하는 생각이 든다. 초연결에 의한 알고리즘의 가장 적합한 사례는 자율 주행 자동차라고 할 수 있다. 자율 주행 자동차는 전기 자동차의 등장으로 인해서 이를 제어하는 다양한 센서를 통해 생성된 데이터가 인터넷에 연결되고 그러한 연결은 학습하여 가장 효율적인 알고리즘을 만들어 내는 대표적인 예라고 할 수 있다.

다음은 빅데이터를 기반으로 하는 초연결 사례 중에 자율 주행 자동차의 핵심 기술을 설명한 것이다. 아래 센서 기반의 IoT(Internet of Things)의 영역과 정보 기술 중심의 시스템이 조합되어 유기적으로 연결이 된다면 효과적인 자율 자동차 기술이 완성되는 것이다. 이러한 자율 주행 자동차의 기술을 통하여 자동차는 인간 개입이 없이 스스로 원하는 목적지까지 이동하는 목적을 달성하게 되며 구체적인 기능은 다음과 같다.

첫째로 GPS를 통하여 현재 차량의 위치와 경로를 파악할 수 있다. 둘째, 라이다를 통하여 주변환경을 인식하여 효과적인 대응을 가능하게 해주고 셋째, 레이더를 통하여 전후 좌우의 차량들을 인지하여 안전한 주행이 가능하게 해준다. 넷째, 초음파 센서 및 카메라 등을 통하여 교통 신호 체계 및 보행자, 차량, 사물 등을 인식하게 해주며 다섯째, 차량 내부에 장착된 컴퓨터 시스템을 통하여 각종 센서에서 발생한 데이터를 수집, 저장, 처리, 분석하여 차량 자체를 제어하여 본연의 목적을 달성하게 하는 메커니즘으로 구성되어 있다.

그림 1-7　자율 주행 자동차를 가능하게 해주는 기술들

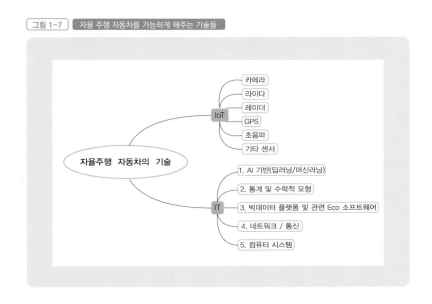

물론, 앞에서 나열한 모든 것이 상호 연결되어 유기적으로 소통을 이루어 인간의 개입이 최소화 되는 시점인 레벨 4 내지는 5 시대는 우리가 생각하는 것보다 멀리 있지 않으며 다양한 기관에서 향후 10년 내지는 15년 안에 완전 상용화가 이루어 질것으로 전망하고 있다.

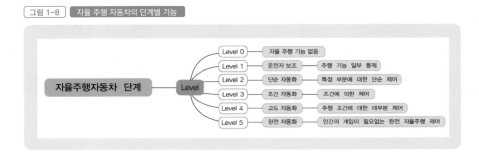
그림 1-8 ┃ 자율 주행 자동차의 단계별 기능

인간의 능력이 전적으로 개입되는 레벨 0에서 인간의 개입이 전혀 필요 없는 레벨5 단계까지 자동화는 조건에 의한 제어이고, 출력과 동시에 이러한 결과를 버리는 것이 아니라 축적이 되면 효과적인 행동 패턴을 만들 수 있는 것처럼 레벨의 등급은 곧 알고리즘의 레벨이라고 할 수 있을 것이다. 이러한 초연결의 산물인 자율주행자동차는 다양한 데이터가 축적이 되고 이를 효과적으로 학습하는 다양한 알고리즘이 차량 내부에 내재화 될 때 인간의 삶의 질은 더욱 개선될 것이다. 다른 시각으로 본다면 미래의 자동차는 각종 경로와 최적화된 알고리즘을 가지고 있는 정도에 따라 자동차의 가격이 결정될 지도 모른다는 생각을 해본다.

인류의 역사에서 마차는 큰 영향을 끼친 도구 중의 하나라고 볼 수 있다. 마차의 역사는 3000년의 역사를 가지고 있다. 하지만 자동차가 등장하면서 3000년의 역사를 가진 마차는 역사의 뒤안길로 순식간에 사라졌고 앞으로 등장할 자율주행자동차 즉, 레벨5이상의 완전 자율주행기술이 상용화가 된다면 이를 활용한 자율 주행 농업용 트랙터, 자율 주행 건설 장비 등이 나올 것이다. 이후에 이를 기반으로 간단한 소프트웨어만 업그레이드 하고 프로펠러를 장착한다면 자율 주행 항공용 드론, 해상용 운송 수단 등 다양한 용도로 활용될 것이라고 생각된다.

그림 1-9 운송 수단의 발달

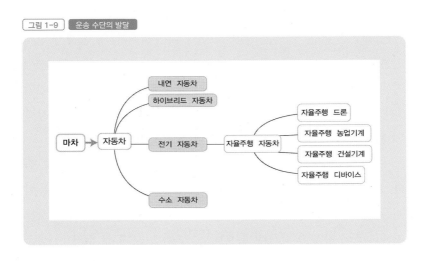

마차를 중심으로 한 운송 수단에서 자율 주행 자동차가 탄생하기까지 많은 시간이 흘렀다. 운송 수단이라는 하나의 목적으로 발전한 자동차는 약 100년이라는 짧은 시간 동안 눈부신 발전을 하였다. 자동차에서 발생하는 다양한 데이터를 수집하고 이를 저장, 처리, 분석이라는 과정을 통해 데이터를 학습하면서 데이터는 지식과 지혜로 바뀌었다. 때문에, 스스로 사고 할 수 있는 자율 주행 자동차는 초연결 사회를 상징하는 핵심적인 요소로서 우리의 생활을 많은 부분에서 바꿀 것으로 예측하고 있다.

1.7 자연적 알고리즘

어떤 조건의 개입 없이 일정한 온도 범위 내에서 온도를 유지하는 항온동물인 인간에게 있어서 체온은 매우 중요한 요소이다. 이러한 체온은 유아 내지는 장년, 노년에 따라서 약간의 편차가 있지만 36.5도 내외를 정상 체온이라고 한다. 이러한 정상 체온은 19세기 독일의 의사인 카를 라인홀트 아우구스트 분더리히가 환자 2만 5천명의 겨드랑이 체온을 재고 이것을 수백만 건 측정한 결과 사람의 체온이 37°C라는 기준을 1851년에 처음 발표하였다.

영아기 체온이 가장 높으며 노화가 진행될수록 낮아진다고 한다. 그러한 이유는 신진대사가 활발하기 때문에 소아기 때는 높아지는 것으로 보인다. 따라서 체온이 낮은 상태인 30~35°C에서는 저체온증이 발생할 확률이 높으며 41°C가 넘으면 뇌 손상 및 생존의 한계 상황까지 올 수 있다.

우리의 신체는 오랜 기간 동안 36.5°C라는 정량적 환경에 최적화가 되어 있으며 이러한 체온은 신체를 효과적으로 지켜 주는 매우 중요한 역할을 하고 있다. 이러한 자연적 메커니즘 안에서 우리 신체의 알고리즘이 최적화가 되어 있다. 이러한 것을 우리는 자연적 알고리즘이라고 정의할 수 있다.

하지만 미국의 스텐퍼드대학교의 줄리 파소넷 연구팀은 다양한 미국인의 체온 기록을 분석한 결과 체온이 1800년대경부터 조금씩 낮아지고 있다는 사실을 확인했고 이것은 구체적으로 10년마다 0.03°C 내려가기를 반복하여 지금까지 0.6°C가 감소 되었다고 보고하였다. 이렇게 체온이 떨어진 이유로는 여러 가지 이유가 있겠지만 항생제의 사용, 위생적인 생활 환경, 냉난방 기기의 보급, 환경 생태계의 변화 등이 주된 이유라고 할 수 있다. 체온이 올라간다는 것은 각종 질병에 노출이 되어 그의 면역 체계가 작동하는 것을 의미하고 체온이 내려간다는 것은 신진 대사의 활동이 줄어든 것이라고 볼 수 있을 것이다. 다양한 지구의 환경 문제는 단지 인간에게만 문제가 되는 것이 아니라 변온동물인 양서류, 파충류에게도 많은 영향을 미친다.

기온이 높을 때 이러한 동물의 노화를 가속화한다는 것은 많은 사례 연구에서 밝혀진 바 있으며 이러한 영향에 기인하여 오랜 시간 동안 만들어진 거시적인 자연계의 알고리즘의 변화가 생겨 지구에 사는 많은 생명체에게 직간접적으로 영향을 미치는 것이다.

과거 인간 게놈 프로젝트(Human Genome Project)를 통해서 인간이라는 생물체를 구성하고 있는 모든 유전 정보가 있는 유전자의 집합체를 분석하여 인간의 유전자가 가지고 있는 종류와 기능을 밝히고 이를 통해서 각종 질병으로부터 해방되는 방대한 프로젝트가 진행되었지만 아직도 인간에 대해서 밝혀지지 않은 것이 너무 많이 있다.

자연계에 존재하는 눈에 보이지 않는 다양한 구성원간의 연결성의 그 무엇인가를 알고리즘으로 정의할 수 있으며 이러한 알고리즘은 지금 계속 실행이 되고 있다는 것을 우리는 알 것이다.

태양계의 작은 행성인 지구는 정해진 궤도를 순환적으로 움직이고 있는 것을 보면 마치 자연계는 커다란 캔버스에 그려 놓은 모든 객체가 사전에 정의된 법칙에 따라 정해진 순서대로 움직이는 것을 연상하게 된다. 우주의 태양계가 너무 큰 비유였다면 작은 부분으로 내려가 보도록 하겠다. 우리 나라는 사계절이 존재한다. 아마도 아주 오래 전의 한반도는 사계절이 존재하는 때도 있었고 빙하기도 있었다. 지금은 존재하는 사계절이 자연계의 알고리즘이다. 이러한 큰 알고리즘 속에서 봄에는 꽃과 새싹이 피고 여름에는 더운 온도가 지속되고 가을에는 나무로부터 낙엽이 떨어지고 겨울에는 눈이 오고 땅은 휴식기에 들어간다. 이러한 변화는 오랜 기간 동안 최적의 알고리즘으로 이루어진 연결성의 완성이라고 할 수 있다.

그림 1-10 알고리즘의 연결성

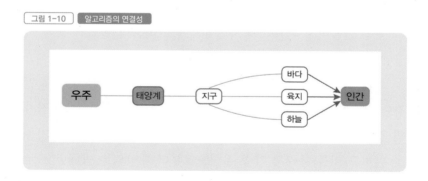

우리는 이러한 커다란 알고리즘 속에서 삶을 살아가고 있다. 자연이라는 말은 인간의 개입이 없는 그대로의 상태를 의미한다.

부모로부터 물려 받은 유전체와 환경적인 요소를 받아들여

36.5°C의 체온을 유지하며 가장 적은 에너지로 인체가 세균의 감염으로부터 보호하며 종을 이어 가고 있는 것이다. 알고리즘은 우리의 손가락과 발가락이 각각 5개로 있는 이유, 눈을 통하여 세상의 모든 사물을 바라보는 등 모든 인간의 활동이 알고리즘으로 최적화가 되어 있는 것이다.

이러한 알고리즘을 최적화하는 방식이 정보 기술의 발전과 융합하여 이를 학습하여 흉내내는 인공지능의 기술로 발전하고 있는 것이다.

PART

02

인간의
행동에서

02 인간의 학습 능력

　알고리즘을 이해하기 위한 가장 첫 번째 방법으로 인간을 이해하는 것에서부터 출발한다. 인간을 이해한다는 것은 무척이나 어려운 문제이다. 나 자신도 이해를 못할 때가 너무나 많은데 인간을 이해한다니 어떻게 보면 어처구니 없게 느껴지기도 한다.

　인간을 이해하기 위한 학문으로는 인류학이 있다. 인류학(Anthropology)은 인간(Anthropos)과 학문(Logia)에서 나온 것으로 고고학, 문화 인류학 등 다양한 카테고리로 나누어져 있다. 인류에 대한 모든 것을 과학적인 다양한 접근 방법을 통해 연구하는 학문으로 정의할 수 있다. 하지만 인간은 신체적, 정신적으로 특징이 다양하기 때문에 이를 이해하기보다는 비교의 관점에서 바라 보아야 하지 않을까 생각한다.

 그림 2-1 | 인간의 생각과 행동의 연결도

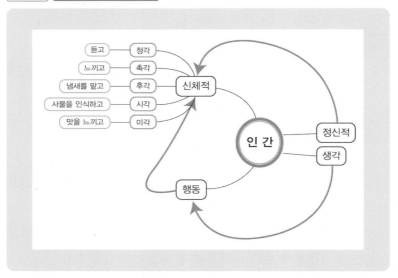

인간은 생각과 행동이 연결되고 또 다른 인간의 산물인 도구 등과 연결이 되면 그러한 부분에서 다양한 결과론적 패턴이 나오고 그러한 패턴은 알고리즘과 연결이 되어 효과적인 행동을 수행할 수 있게 되는 것이다.

이러한 생각과 행동 사이에 존재하는 일종의 학습이 알고리즘을 만들고 성숙시키는 데 중요한 역할을 수행한다. 학습은 시스템적 요소인 입력, 출력, 구성, 목적 등으로 이루어져 있는데 구체적으로는 이것을 이루고 처리하는 역할을 수행하는 뇌와 이것을 가능하게 하는 동기 등이 입력 되어 이에 필요한 이전에 학습 처리된 알고리즘과 융합되어 어떠한 결과를 만들어 내는 것이다.

이러한 특성을 보면 알고리즘은 인간의 행동을 결정하게 하는 요소이면서도 이미 내재화된 경험과 학습의 산물이라고 볼 수 있다.

자연계에 존재하는 인간이 다른 동물보다 신체적인 특징에서 뛰어난 것은 그리 많이 있는 것 같지 않다. 심지어 도심 한복판에 멧돼지가 출현한다고 하면 이를 제압할 수 있는 사람이 과연 몇 명이나 될까? 도구를 사용하지 않는다면 아마도 멧돼지와 싸워 이길 사람은 거의 없을 것이다. 이렇듯 신체적으로 나약한 존재인 인간이 어떻게 만물의 영장이 되었을까? 지구를 지배하는 인간은 오랜 기간을 거쳐 문자를 만들고 종이를 발명하였으며 활자를 만들어 기록으로 남기고 현재는 이를 효과적으로 저장하고 사용할 수 있는 디지털 저장 매체를 통해 이를 정보로서 활용까지 할 수 있게 되었다.

이러한 정보는 단순한 데이터(Data)에서 출발하여 정보(Information)로 가공되고 이러한 정보는 지식(Knowledge)으로 재탄생하게 된다. 지식은 다양한 알고리즘을 통해서 지혜(Wisdom)로 발전하게 되는 것인데, 이러한 과정을 DIKW 이론이라고 한다.

단순한 데이터가 지혜로서 만들어 지는 결과가 인공지능인데 이러한 인공지능은 알고리즘을 기반으로 하고 있다.

인간뿐만 아니라 다양한 생물은 그들 속에 내재된 다양한 생태적 환경을 통해서 생존과 번식이라는 두 가지 명제를 지속적으로 수행하여 왔다. 예를 들어 닭은 자기 자신을 지킬 만한 물리적 힘이 없을뿐더러 하늘도 날지 못하기 때문에 아주 작은 뇌에 본능이라고 학습된 경험을 내재화하여 나를 잡을 것인지 아니면 먹이를 주는 것인지를 판단하게 된다. 이러한 뇌의 기능은 각 부위별로 담당하는 기능이 효율적으로 나누어져 있으며 인간은 1.4 kg 내지는

1.5kg 정도의 뇌의 용량을 가지고 있다.

인간은 사자 같은 동물들에 비해 날카로운 발톱이나 손톱도 없고 무기가 될만한 신체적 특징도 가지고 있지 않다. 또한, 돌고래나 박쥐 같이 초음파를 사용하지도 못한다. 하지만 그것보다 생존에 더욱 필요한 뛰어난 학습 능력을 가지고 있다. 학습 능력이란 주어진 주제에 대해 빠르게 학습하고 이를 적용하여 효과적인 결과를 만들어 내는 능력을 의미한다.

광범위한 결과를 바탕으로 학습하게 되면 수많은 지혜 내지는 지식을 축적할 수 있게 되어 이를 바탕으로 교육이라는 과정을 통해 더욱 고도화되고 있다. 4차 산업혁명이 진행되고 있는 지금은 과거로부터 축적된 다양한 지식들의 산물이 새로운 산업의 진전으로 나타나고 있는 것이다.

한 세대를 지나가고 또 다른 새로운 세대로 이어지는 시간의 연결 속에서 인간의 알고리즘은 일부는 퇴화되기도 하고 진화되기도 하면서 새로운 문명을 만들어 나가고 있다.

그림 2-2 　인간의 순환적 학습 구조

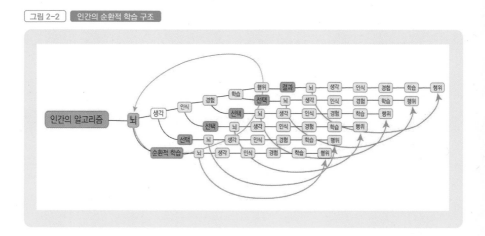

이러한 인간의 알고리즘에는 몇 가지의 특징이 존재한다.

첫째는 순환적이라는 특징이 있다. 순환적이라는 것은 쉼 없이 지속적으로 인식하고 학습하여 적용하는 특징을 의미한다. 이것은 알고리즘을 만들고 최적화하는 데 매우 중요한 요소로서 가장 최선의 선택을 하기 위한 부분으로 활용하게 된다.

둘째, 신체적인 물리적 구조가 최적화되어 있다. 다른 동물과는 구별되게 두 발로 직립보행을 하고 네 개의 손가락과 엄지 손가락 하나를 손톱과 관절을 통해서 효율적으로 다양한 행동을 구현하기 때문에 도구를 사용하는 데 최적화되어 있다. 또한, 사물을 바라보는 눈과 귀, 코 등이 신체의 구조에서 가장 최적의 위치에 배치가 되어 있어 최적의 알고리즘을 만들어 내고 학습하고 발전 시키는 데 익숙하다.

셋째, 논리적 연결이라는 강한 특징이 있다. 하나의 개인보다는 무리를 이루고 이러한 무리는 집단 지성이라는 효율적인 결과를 만들어 강한 무리를 형성하게 된다. 그러한 집단은 국가 내지는 지역사회, 기업, 학교 등을 이루어 효율적인 역할을 수행하게 된다. 그들만의 독특한 문화, 관습 등을 이루며 정해진 틀 속에 삶을 영위하고 있다.

이러한 특징 속에서 인간은 그들만의 알고리즘을 더욱 발전시켜 나가고 있지만 과학 기술과 정보 기술의 비약적인 발전으로 출현한 인공지능이 앞으로 어떠한 결과를 만들어 낼지는 현재로서는 알 수 없다.

인간은 태어나면서부터 말을 배우고 걸음마를 배우고 나면 학교에 들어가서 교육이라는 이름으로 다양한 학습을 수행하여 자아를 실현해 나간다. 이때 형성된 자아는 일생을 살아가면서 매우 중요한 부분을 차지하고 있다. 이러한 인간은 세대를 지나가면서 지속적으로 진화라는 과정을 거쳐 발전한다는 것을 우리는 알 수 있다. 이러한 인간의 경험 및 학습을 이해하는 데 있어서 유전 알고리즘은 매우 중요한 이론이기도 하다.

유전 알고리즘(Genetic Algorithm)은 어떠한 문제를 해결하기 위한 알고리즘이라기보다는 문제의 해결을 위한 접근 방법에 가깝다고 할 수 있다. 이러한 것은 선택이라는 결과를 만들어 낼 때까지의 요소가 아주 복잡하여 최적의 해를 구하지 못하지만 최적해에 가까운 결과를 얻기 위한 것이다.

이러한 유전 알고리즘은 자연계의 생물 유전학 기본 이론을 바탕으로 다윈의 적자 생존 이론을 기본 개념으로 하고 있다. 적자 생존이라는 의미는 진화론적으로 교배(Crossover)를 통해 만들어진 우수한 해들이 가지는 우월적 유전자의 특성을 받을 확률이 높아지게 되고 세대가 지날수록 결과는 다양한 변이를 통해서 우수한 유전자로 발전한다는 생물 진화를 모방한 것이라고 할 수 있다.

이러한 유전 알고리즘은 경영학, 생물학 등 다양한 학문의 영역에 활용이 되고 있으며 응용의 영역이 매우 많은 알고리즘이라고 할 수 있다.

유전 알고리즘을 기반으로 자연 환경에서 나무가 살아가는 과정을 설명해 보겠다. 몇 개의 씨앗이 나무에서 떨어져 바람에 멀리

날아가다가 어떤 특정한 지역의 땅의 낙엽 속에 묻히고 그곳에서 발아를 하여 씨앗이 땅속에서 자라기 시작한다.

여러 개의 씨앗 중 어떤 씨앗은 물이 많은 곳에 떨어지고 어떤 씨앗은 햇빛이 많이 드는 곳에 떨어져 각자 자라게 된다. 물이 많은 곳에 떨어진 씨앗들 중 일부는 썩어서 양분이 되기도 하고 일부는 새싹을 틔우기도 한다. 햇빛, 양분 등을 통하여 주어진 환경에 따라 적응하며 적자생존의 원칙에 따라 진화하는 알고리즘을 의미한다.

인간도 조상으로부터 물려 받은 다양한 생물학적 특성 이른바 유전체 그리고 환경적인 요소 등 다양한 요건에 따라서 지속적으로 알고리즘을 만들고 있다. 예를 들어 아침에 일어나서 늘 하던 패턴을 멈추고 순서를 바꾸어 본다면 아마도 어색하게 느껴질 것이다. 또한 높은 산에서 물건을 산장까지 배달하는 일을 하는 사람은 다리와 어깨의 근육이 보통 사람보다는 발달되어 있을 것이고 폐활량 등도 매우 클 것이다. 또한 다양한 종목의 운동을 하는 선수들 같은 경우 일반적인 사람들보다는 해당 운동의 종목에서 많이 사용하는 신체의 일부분이 발달되어 있다는 것을 느낄 것이다.

물만 먹어도 살찌는 유전자인 16번 염색체에 위치한 FTO(Fat mass and obesity associated gene; 체내 지방 축적을 조절하는 유전자) 유전자는 전세계 인구의 약 절반이 가지고 있다. 이러한 FTO 유전자의 변이 유전자를 두 개 이상 가지고 있는 사람 즉, 약한 비만 유전자는 세계 인구의 1/6이 가지고 있는 것으로 파악되고 있으며 이러한 유전자의 특성은 원래 체중보다 약 3kg이 더 나가며 비만이 될 위험은 대략 절반 정도 높은 것으로 알려져 있다. 한국 사람은 네 명 중에 한 명이 이러한 유전자 변이를 가지고 있고 서양 사람은 70%가 가지고 있다.

FTO 유전자는 새로운 지방 세포를 생성하는 유전자로서 먹을 것이 풍부한 현대인에게는 필요 없는 유전자지만 먹을 것이 풍족하지 않은 과거에는 인간의 생명을 유지하는 매우 귀중한 유전자였다. FTO 유전자는 인간마다 다른 유전적 특성 때문에 이러한 유전자를 가졌다고 한다면 다른 사람들 보다 쉽게 살이 찔 수 있는 특성을 이미 체내에서 보유한 것이라고 할 수 있다.

　　한나 크리츨로우(Hannah Crtichlow)가 쓴 운명의 과학에서는 인간의 뇌가 아주 느리게 진화를 하는데 이러한 진화 즉, 알고리즘이 지금의 식습관에 대한 환경을 따라 잡으려면 약 2천년 정도 걸릴 것이라고 했다. 따라서 먼 훗날에는 대다수의 인간이 이러한 유전자를 거의 가지고 있지 않을 정도로 퇴화될 것이고 우리의 신체는 많은 부분에서 변이에 의한 변화가 있을 것으로 전망하고 있다.

그림 2-3　휴먼 알고리즘을 통한 인간의 재해석

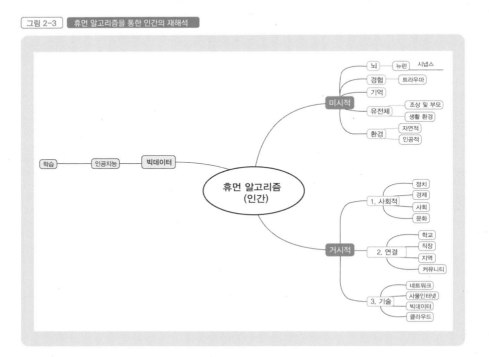

우리의 몸은 각기 다른 유전적 특성과 환경으로 인해서 저마다 다른 특성을 보유하고 있고 이러한 특성을 통하여 각자마다 알맞은 알고리즘을 지속적으로 체득하고 내제화 시켜 나가고 있는 것이다.

유전자 알고리즘은 다양한 영역에서 활용이 가능하다고 할 수 있다. 과거 오랜 기간에 걸쳐 변이를 통해서 진화한 휴먼 알고리즘은 아주 복잡한 시간적 흐름 속에 만들어진 것이다. 이러한 휴먼 알고리즘은 위의 휴먼 알고리즘을 통한 인간의 재해석을 보면 이해가 가능하다.

휴먼 알고리즘은 크게 미시적, 거시적 속성으로 나누어 볼 수 있다.

첫째, 미시적 속성은 인간의 내면 즉, 유전적 측면에서의 논리적 부분이라고 할 수 있다. 이러한 미시적 속성의 인자로는 경험을 통한 내재화된 알고리즘을 처리하는 뇌, 기억, 유전체, 환경 등의 포괄적인 부분을 포함한 영역으로 논리적 측면이 강한 속성을 가진 인자로 구분할 수 있다.

인간을 해석하는 데 다양한 영역이 있지만 미시적 속성은 마이크로한 세밀한 부분이 포함된 영역이라고 할 수 있다. 이 영역은 인간을 해석하고 이해하고 그의 행동을 파악하는 데 있어서 매우 중요한 부분이고 이러한 영역은 인공지능적인 측면으로 본다면 딥러닝, 머신러닝과 같은 기술 영역과 유사하다고 할 수 있다.

둘째, 거시적 속성은 인간이 실제 실행을 하기 위한 자신보다는 인간이 속해 있고 연결되어 있는 다양한 객체가 해당되며 사회라는 환경과 함께 속해 있는 정치, 경제, 사회, 생활 등을 중심으로 한 외적인 환경이라고 할 수 있다. 이 영역에는 인간이 연결되어 있는 다양한 집단 속의 한 구성원으로서의 객체를 의미한다. 또한, 기술적 요소로서 연결을 강화 해주는 요소가 포함될 것이다.

예를 들어 인간이 자율주행자동차를 타고 있다고 하면 자율주행자동차는 네트워크를 통해서 다양한 사물과 연결이 되고 이렇게 연결된 사물은 원하는 목적지까지 쉽고 편리하게 갈 수 있는 수단을 제공하여 주는 것과 같은 결과를 제시해 주는 것이다.

따라서 미시적 그리고 거시적 속성이 함께 융합 또는 교집합을 이루게 되면 최종적으로 실행되는 인사이트 통찰력 내지는 결과를 의미한다.

결국 인간의 미시적인 거시적인 속성을 합하여 어떤 결과를 통해 실행을 하는 과정의 일부분을 흉내 내는 것이 인공지능인 것이다. 일반적으로 알고리즘을 인공지능(머신러닝/기계학습 포함)으로 구현하기 위해서는 규칙(Rule) 기반과 데이터(Data) 기반으로 설계한다.

그림 2-4 인공지능의 처리 방식의 예

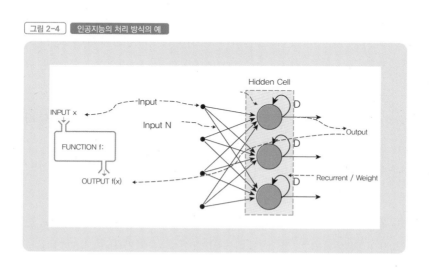

기계가 스스로 학습하는 것은 '머신러닝(Machine Learning)' 이며 여기에 사람의 뇌처럼 생각하도록 알고리즘을 만든 '딥러닝(Deep Learning)'으로 인해 AI는 점점 진화하고 있다.

스스로 배운다는 것은 인간에게 허락된 선물이었다. 인간은 스스로 학습하며 최고의 종(種)이 되었다. 하지만 이제는 기계라는 새로운 종이 인간과 같이 학습을 한다. 머신러닝은 '기계(Machine)'가 인간처럼 '학습한다(Learning)'는 뜻이다.

소위 자연계에 존재하는 모든 생물들은 이러한 유전자 알고리즘을 통해서 지속적으로 진화하고 있다는 이론적 배경을 통해 다양한 부분에 접목이 가능하다. 예를 들어 공학, 경영학, 의학, 생물학 등에서 응용이 가능하다.

유전자 알고리즘은 이 책의 주제인 알고리즘을 통해서 실현이 되는 미래 산물인 인공지능의 원리를 이해하는 데 매우 많은 도움이 될 것이다.

2.3 시각의 알고리즘

"사물을 바라보고 그 대상을 이해한다는 것"은 참으로 신비로운 경험이 아닐 수 없을 것이다. 멋진 풍경을 보고 사랑하는 사람의 얼굴을 볼 수 있다는 것은 크나큰 축복일 것이다.

내 앞에 보여 지는 다양한 객체를 내 눈을 통해서 사물을 내 눈의 영역으로 가지고 와서 이것을 인식하고 처리하여 우리는 뇌 속에 포함된 알고리즘을 생각이라는 과정을 통해서 결과를 만들어 내는 것이다. 인간은 에너지의 많은 부분을 눈을 통해 보여지는 사물을 인식하는 데 소비한다.

시각이라 함은 다양한 생물마다 이를 처리하는 것은 매우 다르지만 대체적으로 대상을 다양한 요소를 통해서 인식하는 것은 매우 유사하다고 할 수 있다.

물론, 시각만 가지고는 정확한 객체를 인식하기에는 부족하여 청각, 촉각, 후각 등을 통해서 객체를 좀 더 세밀하게 인식하는 과정 또한 필요할 것이다.

우리가 바닷가에 있다고 생각 해보자. 바닷가에는 파도와 바람 소리와 함께 비릿하게 나는 바닷가만의 냄새와 아울러 해변, 지평선, 푸른 물결 등 다양한 요소가 함께 어우러져 있다는 것을 알 것이다. 뿐만 아니라 우리가 바닷가에서 느끼고 경험했던 다양한 기억이 함께 어우러져 있다면 우리가 대하는 바닷가는 사람마다 다른 느낌이 있을 것이다.

또한, 여기에 인간이 가지고 있는 심리적 외상인 트라우마를 넣는다면 즉, 과거 바닷가에서 물놀이를 하다가 사고를 당한 기억이 있거나 깊은 곳에서 겨우 헤엄쳐서 살았다면 이것은 바닷가를 바라보는 좋은 기억이 아닌 외상에 가까운 충격으로 기억될 것이다.

그림 2-5 | 시각 처리 개념도

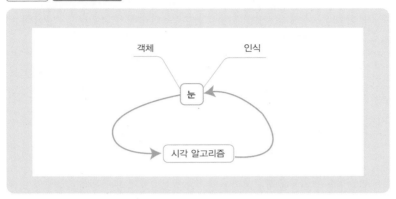

인간은 눈이라는 매개체를 통해서 객체를 패턴으로서 인식을 한다. 물론, 이 안에 시각 알고리즘을 통해서 시각에서 수집된 각종 요소들을 모으고 과거에 바라보았던 객체와 비교를 해서 결과를 만들어 내고 이러한 결과를 알고리즘을 통해서 최종적인 인식을 하게 된다.

앞에 있는 것이 사람인지 사람 중에서도 좋은 사람인지 나쁜 사람인지, 부모인지, 자식인지 등등 다양한 결론을 통해서 대화를 하고 느끼고 교감을 한다.

이러한 시각의 가장 중심적인 기능을 담당하는 눈은 나이가 들어가면서 기능이 점점 상실되어 가며 이러한 기능의 상실을 보완하기 위해서 렌즈로 기능을 보완하고 현미경과 같은 것을 통해서 미세한 객체를 보고 멀리 있는 사물을 보기 위해서 망원경을 만들어 사용하게 된다. 그리고 이러한 시각의 영향은 기억력뿐만 아니라 신체 곳곳에도 영향을 미치게 된다.

인간의 눈은 늘 새로운 것을 보려는 특성을 가지고 있다. 예를 들어 여행을 가거나 영화를 볼 때도 늘 새로운 것을 보고 싶어하는 속성이 깊이 내재되어 있다. 이러한 속성은 물론, 다른 감각 기관과 함께 어떠한 결과를 만들어 내는 것이지만 대개 새로운 것을 보고 싶어 하는 특성이 깊이 포함되어 있다는 것을 우리는 아마도 인지하고 있을 것이다.

그림 2-6 객체 인식 처리 공정

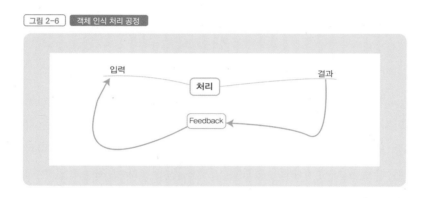

다양한 객체를 인식하는 개념은 객체 인식 처리 공정과 매우 유사한 특성을 가지고 있다.

흔히 인공지능에서 사물을 인식하는 개념은 과거에는 컴퓨터 비젼이라는 기술적 배경을 중심으로 구현하였다. 하지만 현재는 각종 센서의 발전으로 인해서 정밀한 객체를 인식하는 센싱에서 만들어 지는 다양한 빅데이터를 통해서 처리를 한다.

CCTV(Closed-circuit television)를 통해서 수집된 데이터는 범죄자를 찾고 자율 주행 자동차를 통해서 자동차 앞에 있는 사물을 인식해서 사고를 방지하며 원하는 목적지로 이동하는 행위 등이 인간의 시각적 알고리즘을 이용한 인공지능의 한 예라고 할 수 있다.

우리가 사용하는 휴대폰의 앱(App)을 기동하고 카메라를 통해서 꽃을 촬영하면 이 꽃이 어떤 꽃일 확률이 95%라고 결과를 알려 주는 것처럼 이것이 사물을 인식하는 비젼의 영역이라고 할 수 있다.

세상을 살아가면서 눈으로 사물을 인식한다는 것은 축복일 수 있다. 사물은 단지 사물로서 존재하는 것이 아니라 그 안에 담고 있는 다양한 스토리와 결합이 되어 우리는 감성으로 인지하게 된다.

오랜 세월동안 인간이 눈으로 보여지는 사물을 통해서 경험한 모든 것이 인간의 인식을 위한 시각적 처리의 알고리즘으로 발전하여 최적화되어 왔다.

그림 2-7) 객체의 인식 과정

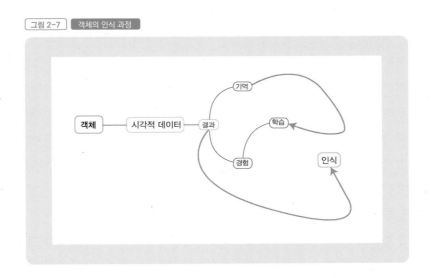

다시 말하자면 눈으로 보여진 시각의 데이터를 기반으로 기억과 경험 그리고 학습이라는 과정을 거쳐서 최종적으로 인식이 되어 가는 과정에서 시간이 지날수록 더욱 효율적이고 효과적인 알고리즘이 우리 뇌의 깊은 영역에 자리를 잡게 되는 것이다.

2.4 감각의 알고리즘

감각이라는 단어는 매우 어려운 단어인 것 같다. 논리적이고 물리적인 부분이 함께 조합된 그 어떠한 것 같이 느껴지기도 하지만 감각은 어쩌면 느낌이라는 것과 매우 유사한 특징을 가지고 있다고도 생각도 되었다.

감각은 어떠한 사물을 직접적으로 만져보며 체득한 경험의 산물인 것이며 우리는 피부로부터 전달받은 느낌을 의미한다. 따라서 우리가 자주 접하거나 경험했던 피부의 느낌들을 전달받아서 우리는 그것을 통해서 사물을 인식하는 것을 의미한다. 다시 말해서 감각은 좀 더 넓은 의미의 그 무엇을 의미하기도 하기 때문에 감각은 광의의 의미를 뜻하기도 하지만 본서에서의 감각은 인체의 오감 중에서 피부로부터 전달받은 외부의 자극 내지는 느끼는 것을 의미하는 것으로 하겠다.

눈으로 보지 못한 사물을 단지 손가락의 피부의 감촉으로만 그것을 판단하기에는 매우 어려울 것이다. 다시 바꾸어 말하면 기계에서 측정된 감각의 값이 어찌 보면 더 정확하게 사물을 판단할 수도 있을 것 같다.

사람은 이전까지 경험했던 학습의 효과로 인해 감각을 느끼는 것이 매우 다르다고 할 수 있다. 예를 들어, 뱀이나 쥐 같이 우리가 혐오하는 동물의 경우 우리가 만지거나 교감하기가 쉽지 않을 것이다. 특히, 여성이나 어린아이 같은 경우에는 더욱 그러할 것이다. 인간은 저마다 감각을 느끼는 강도에 차이가 난다는 것은 매우 당연한 이치일 것이다.

아주 오래 전에는 인간의 손은 사냥 등과 같은 거친 환경에서 생존을 위해 살아왔기 때문에 피부가 매우 두꺼웠을 것이다. 이렇게 두꺼운 피부는 감각을 느끼는 것보다는 외부 온도와 거친 환경에서 살아남기 위한 다양한 활동으로부터 자기 자신을 지키는 본능에 매우 길들여졌기 때문에 외부로부터의 상처나 충격 등에 매우 강했을 것이다. 하지만 현재의 인간은 자기 자신을 지키는 데 사용되기보다는 기술을 활용하여 도구를 고도화하거나 소위 부드러운 환경에만 노출이 되어 피부가 매우 얇으며 어떠한 외부의 충격에도 취약하다.

예를 들어 현재의 인간은 길을 걸을 때 신발을 신고 다니지 않는 사람은 거의 없을 것이다. 때로는 건강을 위해서 부드러운 시골 길을 맨발로 걸어 보기도 하지만 농사를 짓지 않는 사람이라면 통상적인 일은 아닐 것이다. 그래서 조금이라도 거친 산길이나 돌길을 걸을 때 맨발로 걷는다면 우리는 얼마 걸어가지도 못하고 발이 붓거나 피가 날 것이다.

아마도 먼 훗날 더욱 발달된 교통 수단과 생활 환경의 변화로 인해서 우리의 발은 어떠한 형태로 바뀌어 있을지는 아무도 모를 것이다. 손과 발에서 느끼는 촉감 그리고 온몸에서 느끼는 감각 즉,

환경적인 부분에서의 온도, 습도 그리고 직접적으로 전해지는 피부의 감각을 통해서 우리가 인위적이든 무의식적이든 뇌가 인지할 수 있는 형태로 전달이 되게 된다.

우리가 사물을 인식하는 데 있어서 이렇게 신체가 수집하는 각종 정보는 어떠한 결과를 만들어 내는 데 중요한 역할을 수행한다.

지금이 12월 한겨울이라고 가정해 보자. 아마도 외부의 기온이 내려가서 매우 추울 것이다. 그러면 우리는 주저하지 않고 두꺼운 자켓을 찾아서 입고 외출을 할 것이다. 추운 온도면 따뜻한 옷을 찾아 입는다는 간단한 알고리즘의 목표는 체온을 보호해서 감기에 걸리지 않는 것을 목표로 만들어진 효율적인 문제를 해결하기 위한 절차 및 방법일 것이다.

이러한 알고리즘은 내부와 외부의 환경 변화에 효율적으로 반응하기 위한 것으로 따뜻한 상태를 유지해서 우리가 생활하는 데 신체를 보호하는 결과를 만들어 내는 매우 유용한 알고리즘이다. 바꾸어 말하면 인간이라는 생명체가 처음으로 만들어 졌다고 가정하고 이러한 것에 노출이 되었다면 아마도 효율적으로 반응이 가능하였을까 하는 의문도 가진다.

두꺼운 자켓이 없었던 원시시대에는 동물을 잡아서 가죽을 벗기고 말려 사람들이 입는 것이 추위를 해결하기 위한 효율적인 알고리즘의 하나였을 것이다.

그림 2-8 촉감을 느끼는 과정

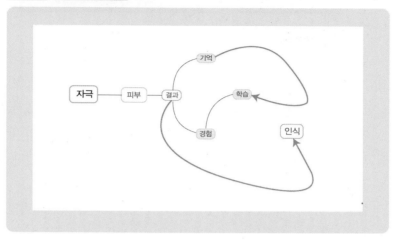

촉감은 다른 감각보다도 다른 기관과의 융합이 더욱 중요한 부분이며 기억 내지는 경험을 통한 학습을 통해서 결과가 만들어져 그것을 인식하는 과정이 복합적인 특징을 가지고 있다. 예를 들어, 장갑을 끼고 객체를 만지는 것과 손으로 직접 객체를 만지는 것은 많은 차이가 있다.

하지만 다양한 경험을 통해서 학습이 이뤄진 사람은 무게를 눈으로 바라본 시각적 감각으로도 정확히 무게를 느낄 수 있으며 칼국수를 많이 만들어 본 사람이라면 물을 얼마 정도 넣어야 가장 맛있는 칼국수를 만들 수 있는지 경험과 학습을 통해서 알 수 있을 것이다.

촉감이나 감각에서의 알고리즘은 그것을 인식하는 요소 즉, 센싱의 역할을 수행하는 피부에 의존하는 것이며 정확한 결과를 생성하기 위해서는 많은 학습적 요소가 필요하다는 것을 다시 한번 강조한다.

인간은 나이가 들어가면서 다양한 사회적 네트워크의 활동과 교감 그리고 교육을 통해서 자아가 만들어 지고 성숙되게 된다. 이러한 행동은 오랜 경험을 통해서 축적된 결과물이라고 할 수 있다.

예전에 학교에 다닐 때 교실 한 컨에 "생각이 바뀌면 행동이 바뀌고 행동이 바뀌면 습관이 바뀌고 습관이 바뀌면 인생이 바뀐다"는 글을 보았던 적이 있다.

행동은 생각이라는 결론을 통해서 만들어진 결과물이 실제적인 물리적인 형태로 표출되는 것이라고 생각이 된다. 어떤 행동을 하기 위해서는 다양한 접근 방법을 통한 사고를 하게 된다.

그림 2-9 　 행동을 실행하는 과정

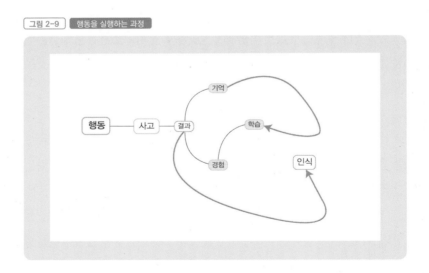

행동을 실행하는 과정 속에서 결과론적인 행동이 과연 합리적인지, 효율적인지 등의 생각을 통해서 사전에 모의 실험을 뇌 속에서 진행을 하게 된다. 그러한 모의 실험은 어떠한 결론을 내릴 때의 결과가 어떤 모습으로 전개될지를 사전에 그려 보고 결과를 유추하기 위한 것으로 활용하게 된다. 물론 늘 우리가 행하는 일들은 이러한 시뮬레이션을 진행하게 되지만 아주 익숙한 행동은 의식적이든 무의식적이든 일부의 중간 과정이 생략되게 된다.

하지만 모의 실험한 결과에는 가중치가 있기 마련이다. 가중치는 우리가 이전에 경험 것과 함께 학습한 것이 모두 들어가서 일종의 빅데이터의 학습 데이터를 구성하는 것처럼 레이블링을 하는 것과 매우 유사하다. 예를 들면 하나의 사진을 보고 유사도에 따라 100점 짜리 고양이, 70점 짜리 고양이, 50점짜리 고양이 그리고 고양이가 아닌 것으로 분류를 하는 것과 같다.

그림 2-10 | 행동을 결정하게 되는 선택의 과정

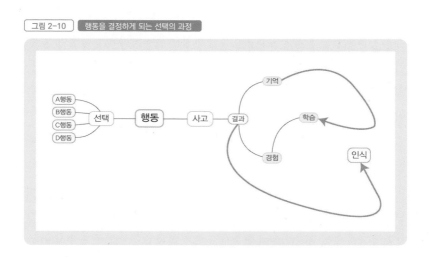

사고를 통해 표출된 행동은 다양한 행동 중에 하나이며 이미 우리가 경험하고 기억하고 학습하여 인식한 모든 것이 결과로 만들어져 행동이라는 결과로 나타나는 것이다. 이러한 것이 행동 알고리즘이며 인간은 철저하게 행동을 수행하기 위해 길들여진 동물이다.

이는 사회적 동물의 특성을 그대로 가지고 있는 것으로 학교를 졸업하면 직장에 취업을 한다고 가정해보자. 이렇게 들어간 직장에서는 신입사원 연수를 받고 업무와 직장에서의 규칙 등 다양한 행동을 교육 받으면서 그 구성원으로 들어가는 준비를 하게 된다. 예를 들어 출근시간, 복장, 업무 규칙, 급여 등 말로 표현 할 수 없을 정도로 많은 행동의 제약을 받게 되는 것이다.

이러한 조직의 행동 규칙에 잘 적응하면 오래도록 다닐 수 있으며 순응하지 못하면 퇴사를 하게 되는 것이다. 원시시대에도 부족이나 집단에 순응하여 규칙을 철저히 지키지 않는다면 조직에서 쫓겨나는 것과 같은 이치이다. 인간뿐만 아니라 다양한 동물들 속에서 이러한 습성이 적용되어 경쟁대상인 무리들과의 경쟁에서 살아남고 자신들을 지키는 수단으로 활용되게 되는 것이다. 행동을 최종적으로 결정하고 이를 실행에 옮기는 과정을 일종의 알고리즘이라고 할 수 있을 것이다.

이러한 행동의 한 가지 예를 들어 보면 하나의 미로를 만들어놓고 그 미로 안에 생물체를 넣으면 막힌 곳을 피해서 최종적으로 먹이가 있는 곳까지 빨리 찾아가는 것을 본 적이 있을 것이다. 아무리 지능이 떨어지는 미물이라고 할지라도 많은 반복적인 경험을 통해서 학습을 한다면 처음 시도하는 생물보다 훨씬 효율적으로 원하는 위치를 찾아가는 행동적 결과로 저마다의 알고리즘을 통해서 종을 이어 나가고 좀 더 진화된 알고리즘으로 발전시키는 태생적 본능이 존재한다는 것을 알 수 있다.

2.6 사고(思考)의 알고리즘

생각한다는 것과 사고한다는 것은 무엇일까? 생각한 것을 실천하는 것이 행동의 알고리즘이라면 생각의 알고리즘은 행동의 알고리즘을 가능하게 하는 일종의 트리거 같은 기능일 것이다.

생각은 인간의 어떤 기억 내지는 경험 그리고 학습된 결과를 통해서 표현하거나 행동하기 전의 추상적인 것을 의미한다. 또한 생각과 유사한 개념으로 사고(思考: Thinking)라는 개념이 있다. 사고는 직관적인 것과 분석적인 것 두 가지가 있으며 우리는 오랜 세월 동안 직관적인 것에 매몰되어 있었다. 생각을 정리하고 그것을 실행하는 것 중에 하나의 예로 수천 년 전 동굴의 벽에 그려있던 그림을 생각해보자. 그러면 인간은 분석적인 것보다 직관적인 것에 오래 스며들어 있었다는 것을 알 수 있을 것이다. 물론, 그 당시는 문자도 없었고 생각을 표현할 그 무엇도 없었기 때문인지도 모르지만 현재의 수많은 빅데이터로 만들어진 다양한 분석의 산물들이 시각화라는 이름으로 정보와 그래픽이 융합되어 직관적으로 내용을 파악하는 방식과 유사하다고 생각되어지기도 하다.

다음은 사고를 실행하는 과정을 설명한 것이다.

사고를 이루는 분석적 그리고 직관적 관점은 사고하는 알고리즘 속에 포함이 되어 실행이 된다. 물론, 이를 사고하는 부분은 뇌이며 뇌 속에 신경계를 이루는 기본 단위인 신경세포가 1000억 개의 뉴런이 회로를 구성하면서 사고라는 결과를 만들어 낸다.

이것은 물리적인 컴퓨터의 중앙 처리 장치와 소프트웨어적인 각종 인공적인 알고리즘으로 처리하여 결과를 만들어 내는 것과 매우 유사하다.

그림 2-11 　 사고를 실행하는 과정

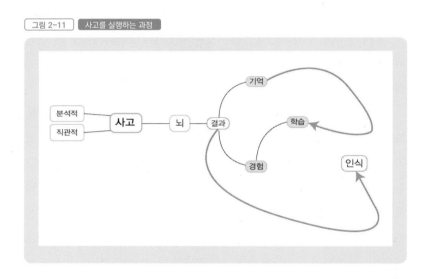

우리의 몸에 있는 각종 장기는 정확한 값을 수집하는 역할을 수행한다. 마치, 단맛이 나는 사탕을 먹으면 단맛을 혀를 통해서 뇌로 전달이 되고 뇌에서는 최종적으로 단맛을 인식하게 되는 것이다. 맛이 달면 달다고 인식하고 쓰면 쓰다고 인식하는 것은 혀에서 느끼는 것이지만 이것은 단지 혀의 역할뿐만 아니라 신체의 모든 부분이 정상적으로 작동했을 경우에만 정확한 맛이 느껴지는 것이다. 그러므로 알고리즘은 측정되는 모든 값이 정확해야만 그것을 사고하는 데 무리가 없는 것이다.

아프면 우리가 맛있게 먹던 음식도 맛없게 느껴지는 것처럼 모든 것이 정상적인 동작을 해야만 가능해지는 것이다. 이것이 사고의 기본적인 동작 원리인 것이다.

인간의 사고는 어떻게 만들어지고 어떻게 고도화가 되는 것일까? 고도의 사고를 통해서 이루어지는 것은 표현이 불가능할 정도로 많은 것을 포함하고 있다. 어머니의 뱃속에서 잉태되어 태어난 순간 교육과 학습을 통해서 고도화가 되는 것이다.

이렇게 많은 기간을 부모 아래에서 보살핌을 받으며 자라는 동물이 과연 또 있을까라는 생각을 해본다. 정신 분석학적으로 인간의 성격의 약 50%정도를 부모 또는 윗대의 조상으로부터 물려 받고 25% 정도는 6세까지의 생활에서, 그리고 나머지 25%는 그 이후의 경험에 의해 형성이 된다고 한다.

성인이 된 사람은 다양한 영역에서 사회생활을 하며 업(業)을 영위하며 생활하며 살아간다. 그러한 업은 다양한 직업 군을 바탕으로 만들어지며 각자 하고 있는 업을 효과적으로 수행하기 위해서 고도의 경험과 학습을 통해서 발전시켜 나가고 있는데 이것을 이루는 가장 중심이 되는 것이 알고리즘이다.

기계는 딥러닝과 머신러닝 그리고 각종 통계적 기법들을 사용하여 인간의 지능을 흉내내는 인공지능으로 발전이 가능하지만 인간은 오랜 세월 동안 형성된 부모와 윗대 조상으로 물려받은 유전자 그리고 태어나면서 형성되는 각종 학습과 경험으로써 사고가 발전하는 것이다.

똑같은 교육을 받아도 그 결과는 사람마다 많은 차이가 존재하고 이러한 차이는 능력으로도 평가 받는 것은 인간 개개인이 가지고 있는 속성이 다르기 때문이라고 정의할 수 있다.

　인간은 기본적으로 사회적 동물이다. 사회적 동물이라는 의미는 사회가 어떤 사회인가에 따라서 인간에게 많은 영향을 미친다. 어떠한 자연적 생물보다 지적 성장이 매우 다양하다는 사실이 의미하는 바는 잠재적 능력이 매우 크다는 것을 포함하고 있다.

　인간을 흉내내는 인공지능이 인간의 지능을 앞서는 특이점(Singularity)의 시대가 온다고 해도 모든 영역에서 인공지능이 인간을 앞서지는 못할 것이다. 왜냐하면 인간만이 가지고 있는 다양한 알고리즘을 통하거나 다양한 부분에서 인간이 만들어 놓은 기계와 인공지능, 그리고 인간만이 가지고 있는 알고리즘을 통해서 더욱 고도화되어 나가기 때문일 것이다.

2.7　인문적 알고리즘

　저자는 공학을 연구하기는 하지만 인문학을 무척이나 좋아한다. 시 속에 담긴 좋은 문구 한 줄 한 줄을 소중하게 생각하고 수첩속에 써놓기도 하고 가끔 마음속으로 되뇌이기도 한다.

　인문학은 인류의 문화를 지칭하고 있지만 단순하게 문학을 얘기하는 것이라고 할 수는 없다. 인문학(人文學: Humanities)이라는 측면에서 보면 언어, 철학, 예술 등을 연구하는 학문이지만 근본적으로 보면 인간에 대한 본질적인 이해를 탐구하는 영역이라고 할 수 있다.

그림 2-12　인문에서 바라본 인간

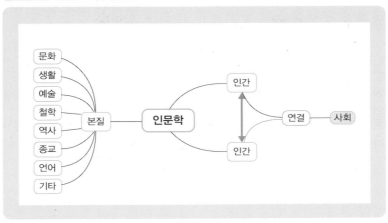

예술이라는 영역에서 화사를 보면 서양에서 발달한 서양화 그리고 동양의 동양화 등 다양한 영역이 있을 것이다. 근대에 와서 예술 영역이 서체, 디자인 등 다양한 영역으로 확대되고 있고 다양한 학습을 통해서 인공지능 기술을 활용한 회화의 영역까지 그를 포함하고 있는 영역도 참으로 다양해지는 것 같다.

약 100여년전 튜브에 물감을 담고 예술가들은 실내가 아닌 실외로 이동하여 그림을 그리기 시작하였다. 이러한 그림의 특징은 햇빛과 명암이 들어가서 더욱 밝은 그림으로 표현이 되기 시작하였다. 이는 기술과 인문 그리고 예술이 함께 만들어 낸 합작품으로 점점 그림이 진일보했다고 볼 수 있다.

미술이라는 특정 부분의 예술이 인간이 가지고 있는 섬세함과 특이성이 어우러져서 시각으로 표현한다는 것은 인간만이 가지고 있는 창작의 영역으로 이 부분 또한 알고리즘의 영역으로 보아도 무방할 것이다. 미술은 알고리즘을 통하여 색으로 표현하는 것이며 음악은 소리가 필수적인 요소인 것처럼 말이다.

그림을 그리는 사람들은 저마다 선호하는 색과 표현하는 질감, 그리고 명암, 표현하는 양식에 따라서 개성 있는 그림이 탄생하는 것처럼 예술의 발달은 기술의 발전과 함께 융합이 되어 인간에게 좀 더 친근하게 다가가는 것이다. 하나의 기술에 인간 중심의 요소가 가미되면 좀더 친근하고 사용하기 편하고 꼭 필요한 요소로서 탈바꿈되기 때문이다.

인간은 자연적인 요소를 경험과 학습을 통해서 흉내를 내고 그 결과로 인공적인 것을 만들어 내는 것은 랄프 왈도 에머슨이 얘기했던 '자연의 속도에 맞춰라! 그 비결은 인내하는 것'이라고 주장했던 바와 일치한다. 인공지능의 핵심인 알고리즘을 최적화하고 그에 맞게 원하는 바를 얻기 위해서는 인내심을 가지고 자연의 속도에 맞추는 것도 한가지 비결이라는 생각이 든다.

과연 인간이 만든 기술이 우선일까 아니면 인간의 본질에 해당하는 인문이 먼저일까? 두 가지 중 선택을 하라고 하면 우리는 어떤 선택을 할까? 인간의 문명이 발달하도록 가능하게 해주는 기술과 인간의 본질에 대한 인문 모두 중요한 요소이다. 선택하기가 매우 어려운 부분이다. 사실 저자 역시도 기술을 전공하는 공학자의 입장이지만 인문이 먼저라는 생각을 해본다.

휴대폰을 한번 생각해 보자. 이는 물리적인 부분과 논리적인 부분으로 나눌 수 있다. 물리적인 측면에서 보면 전기, 전자, 기계, 소재 등 다양한 부분이 조합이 되어 하나의 휴대폰을 이루고 있고 휴대폰에 담겨진 소프트웨어를 중심으로 다양한 논리적 부분이 융합되어 하나의 제품을 이루고 있다. 이러한 측면에서 보면 휴대폰을 좀

더 인간이 사용하기 쉽고 친화적으로 만들기 위해서는 인문이라는 측면에서 만들어 져야 되지 않을까 생각한다.

휴대폰의 기능은 서로 떨어져 있는 인간들 간에 대화를 가능하게 해주는 주된 목적에서 출발하였지만 점차 기술이 융합이라는 이름으로 더해져 지금은 데이터의 연결을 가능하게 해주는 것이 주된 기능으로 바뀌고 있고 이러한 기능은 인공지능이라는 기술이 더해져서 소통의 기능이 아닌 포괄적인 플랫폼의 기능으로 바뀐지 이미 오래되었다.

세상은 빠르게 변화하고 있다. 그리고 그의 이면에는 기술이 많은 영역을 차지하고 있다. 인간 위주의 인문사상이 결합이 되면 인공지능도 더욱 인간적인 것이 되지 않을까 생각을 해본다.

그림 2-13 예술로서의 인간

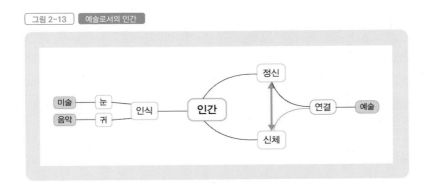

인문의 범주 안에 포함된 예술이라는 영역을 보면 우리의 눈과 귀를 즐겁게 해주고 있는 부분도 생각할 수 있다. 눈은 시각적 감각을 통해 색과, 명암, 모양이라는 요소를 통해 인식하고 청각적인 요소를 통하여 악기의 소리를 귀가 인식하고 악보를 통하여 이해할

수 있도록 종이 위에 설명해 놓아 누구나 따라할 수 있게 해놓았다.

이것은 우리의 정신적 세계와 신체적 세계가 융합이 되어야만 이해가 가능하기도 하며 이 또한 분리되어 있지 않고 상호 연결이 되어야 가능한 부분이 예술로서 승화되는 것이다.

우리는 흔히 인공지능과 알고리즘은 가까이 붙어 있는 영역이라고 이해를 하고 있지만 인간과 알고리즘은 동떨어져 있다고 생각한다. 하지만 인공지능을 이해하기 위해서는 먼저 그를 만든 인간을 이해하는 데서 출발해야 하지 않을까라는 생각을 해 본다.

2.8 ▶ 알고리즘과 학습

우리가 원하는 목적지를 찾아갈 때 지금은 스마트폰을 이용하여 간단하게 가는 길을 찾을 수 있다. 심지어는 최단 거리 및 도착 시간까지 다양한 정보들을 알 수 있다. 하지만 스마트폰 이전의 시대에서는 원하는 목적지를 찾아갈 경우 지도를 보거나 막연히 물어서 찾아 갔어야 했다. 목적지를 처음 갈 때는 낯설기도 할뿐더러 최단 거리를 찾는다는 것은 불가능했을 것이다. 하지만 그 길을 여러 번 다니다 보면 경험과 학습이라는 요소를 통해서 훈련을 하고 이를 통해서 최단 거리 또는 효율적인 거리를 찾기 위한 알고리즘이라는 결과를 만들어 적용하면 우리는 능숙하고 빠르게 목적지를 찾아갈 수 있다.

이렇게 우리는 어떠한 목적을 달성하기 위한 과정과 해결 방법 등을 포함하는 알고리즘을 경험과 학습이라는 두 가지 요소를 통하여 달성할 수 있었다.

어떻게 보면 알고리즘은 인간이 인지하건 인지하고 있지 않건 간에 자연계에 존재한 생물체라면 본능적으로 가지고 있는 요소 이기도 하다.

그러면 알고리즘과 학습은 무슨 관계가 있을까 궁금하지 않을 수가 없다. 학습이라는 것은 과거에 경험을 반복적인 습득을 통해서 얻게 되는 결과를 의미한다. 이러한 결과는 어떠한 문제를 해결하는 데 기반이 되는 지식의 요소일 수도 있고 선택을 하기 위한 배경일 수도 있다.

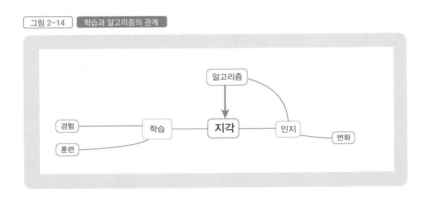

그림 2-14 학습과 알고리즘의 관계

인간이 학습을 할 때는 경험이 매우 중요한 요소로 작용을 하는데 인공지능 같이 인간의 학습 기능을 응용하여 흉내내는 방식과 매우 유사하다. 여기서 경험이라는 것은 데이터와 맥을 같이 한다고도 볼 수 있다. 우리가 인공지능을 경험이라는 것을 넣어 학습 시킬 때 일반적으로 훈련 데이터와 검증 데이터 세트를 준비하여 이를 가능하게 하는 학습적인 프레임으로 접근한다. 이것은 우리가 공부를 할 때 책을 보고 입으로 소리를 내서 공부를 하거나 손으로 글씨를 써가며 공부를 하는 것처럼 각자마다 체득한 여러 가지 효율적인 방식으로 공부를 하고 있다.

어떤 방법이 효율적인지는 사람마다 각자 느끼는 것이 매우 상이 할 것이다.

학습의 방법에 따라 경험한 다양한 알고리즘을 통해서 공부를 하는 것과 마찬가지인 것이다. 〈그림 2-14〉에서 인지는 지각으로 연결이 되고 이것은 다시 알고리즘으로 연결이 되어 최종적으로 결과에 해당하는 변화에 접근하는 방식을 말한다

우리가 사용하는 휴대폰의 메인 창을 보면 사람마다 사용 방식과 선호하는 기능들이 다양하게 표현이 되어 있다. 뿐만 아니라 암호의 패턴도 숫자로 되어 있던 지문으로 인식을 하던 간에 자기 자신에게 유일한 표현의 방식으로 적용하여 사용한다.

휴대폰은 말의 언어를 통해서 전파라는 수단으로 다른 사람에게 전달하는 가장 기본적인 기능에서 시작하여 우리가 필요로 하는 편리한 기능들을 사용하는 기계의 영역으로 접근해서 본다면 알고리즘은 개인마다 각각 차이가 있기는 하지만 궁극적으로는 같은 결과를 지향하기 위해서 만들어 지는 논리 정연한 경험의 결과라는 것을 알 수 있다.

지각은 인간이 지식으로 연결되는 관계의 방법론 측면에서 경험적인 속성과 함께 정보의 본질적인 상태에 관한 것이라고 할 수 있다. 뿐만 아니라 인지(recognition)는 우리가 대상으로 하는 것을 인정하고 이를 알게 되는 것을 의미한다.

따라서 지각과 인지를 통하여 알고리즘이 지속적으로 발전하게 되는 것이다. 알고리즘이라는 것을 바라보면 처음에는 멈춰져

있고 정해져 있는 것 같은 착각이 들 정도로 틀에 박혀 있듯이 정적인 것으로 보이지만 그의 이면에는 매우 역동적인 것이 포함되어 있다. 그것이 효율적인 알고리즘을 만들어 나가는 과정이기 때문이다. 따라서 지각과 인지는 알고리즘과 하나라고 보아도 무방할 것이다.

우리가 학습을 한다는 것은 결과에 대한 가장 합리적인 변화를 이끌어 내기 위함이다. 따라서 학습은 다음과 같은 특성이 함께 들어 있는 것이라고 할 수 있다.

첫째, 목표를 지향하는 특성을 가지고 있다. 학습의 목표를 처음에는 인지를 하지 못하지만 반복적인 경험을 내재화하여 학습을 하다 보면 결과는 아주 미세한 차이가 있기 마련이다. 따라서 자연스럽게 목표를 만들어 나가는 과정이 나타나게 된다.

둘째, 학습의 결과는 융합으로 재탄생하기도 한다. 학습을 통하여 만들어진 다양한 해결 방법인 알고리즘은 학습 방식에 따라서 각기 다른 형태로 표출되기도 한다. 이것은 최종적으로 목표로 정한 변화가 전혀 다른 알고리즘과 함께 합쳐서 새로운 형태의 알고리즘이 만들어 지기도 하는 것을 의미한다.

셋째, 학습을 하는 과정 속에서 만들어지는 변화는 이상적인 것을 추구하는 특성을 가지고 있다. 여기서 이상적이라는 것은 앞으로 더 이상 만들어지기 어려운 최상의 결과를 의미하며 이러한 결과는 현재로서는 이상적이라고 하지만 지극히 더 이상적인 것을 포함하고 있다.

지금까지 알고리즘을 가능하게 하는 학습의 세 가지에 대해서 알아보았다. 우리가 신체에서 제일 많이 사용하는 것 중에 하나인 손가락은 오른손과 왼손에 각각 5개씩 있으며 5개의 손가락은 각기 다른 역할을 수행한다. 그 중에서 가장 중요한 역할을 수행하는 엄지 손가락은 하나로서는 수행 능력이 떨어지지만 다른 손가락과 함께 마스터 알고리즘을 구현하는 효율적인 집합체로서의 손가락을 이루고 있다는 것을 알 수 있다.

어떻게 보면 우리가 무의식적으로 행하고 있는 알고리즘 속에는 마스터 알고리즘이 있고 그 마스터 알고리즘과 함께 더 발달된 알고리즘으로 더욱더 진화하고 있는 것이다.

PART

03

전략의
중심에서

CHAPTER 03 전략과 알고리즘

03 전략과 알고리즘

세계적인 마케팅 전략가인 잭 트라우트의 '단순함의 원리'(The Power of simplicity)에서 "왜 사람들은 단순함을 두려워하는가?" 라고 하였다. 아마도 잭 트라우트가 얘기하는 것은 복잡한 관계로 얽혀져 있는 세상의 모든 일들을 대상으로 단순한 해결책을 찾지 않으려는 데서 나오는 "사고에 대한 두려움"으로 나온다고 했다.

경험과 학습이라는 단순한 이치에서 만들어 지는 알고리즘이 단순화되지 못하는 것은 결과 즉, 사고에 대한 두려움으로 나오는 것이 아닐까 하는 생각을 해 보았다.

군대는 전략과 전술을 통하여 임무를 수행한다. 하지만 이러한 전략과 전술은 군대에서만 사용하는 것이 아니라 다양한 영역에서 활용되고 있다는 것을 우리는 잘 알고 있다.

인간은 목표 지향적이다. 어떠한 인생의 목표 내지는 삶의 목표를 정해 이를 이루어 나가기 위해서 전략을 만들어 실현해 나간다면 조금 더 성공적인 인생을 만들어 나갈 수 있을 것이다. 시간이 지남에 따라 좀더 발전하려고 하는 것이 인간의 속성이기 때문이다. 비즈니스를 예로 들어보자. 이는 인간들 간의 관계 속에서 치열한 경쟁을 통해서 적자생존의 원칙과 전쟁터와 다름이 없는 곳에서 우리가 경험하고 학습했던 알고리즘이 실패를 두려워하지 않는 결과를 만들어 나가는 과정 즉, 전략의 단순함에서 시작해야 하지 않을까 라는 생각을 해본다.

자본이라는 무기를 가지고 인간이 필요로 하는 제품과 서비스를 만들어 다른 기업들과 경쟁을 하는 비즈니스 현실은 자연계에서 생물이 치열한 경쟁을 통해서 종족을 보존하는 것과 매우 유사한 패턴을 가지고 있다.

전략(Strategy)은 군대에만 국한되는 것이 아니라 비즈니스를 포함한 다양한 영역에서 활용되는 방법 또는 책략을 의미하며 군대를 이끈다는 리더십의 뜻을 가진 그리스어인 스트라테고스의 의미로 특정한 목표를 달성하기 위해서 계획을 세우는 것을 의미하며 전술(Tactics)과는 구분이 된다. 전술은 전쟁에서 승리하기 위해 맡은 임무를 효율적으로 완수하는 데 필요한 제반적인 요소를 의미한다.

전략은 다음과 같은 여섯 가지의 특징을 가지고 있다.

(1) 전략이 가지고 있는 통합적인 특징으로 인하여 실행을 하기 위한 다양한 구성 조직의 핵심 영역과 깊은 관련이 있다.
(2) 인위적이며 의도적인 특징을 통하여 최종적으로 책임을 지는 것을 의미한다. 기업의 측면에서는 최종 의사 결정권자에게 있다는 것을 뜻한다.
(3) 실행 지향적이다. 즉각적으로 실행하는 데 무게 중심이 있다.
(4) 전략은 체계적으로 다른 제3자가 이해할 수 있어야 한다.
(5) 지속적이며 장기적인 시계열적인 특징을 가지고 있다.
(6) 전략은 최종 의사결정권자가 절대적으로 의지하는 속성을 가지고 있다.

전략은 보편 지향적인 특징 또한 가지고 있지만 전쟁 또는 비즈니스의 성패를 좌우하는 핵심적인 부분에 해당하므로 조직이 지향하는 부분을 효과적으로 수행하기 위한 장기적인 관점에서 만들어 져야 한다.

전략은 이를 실행하는 구체적인 전술과 맥을 같이하며 전술은 하나 하나의 알고리즘으로 구성이 되어 있다. 그래서 관련 조직이 경험하고 반복적으로 학습한 수행 집단이 효과적인 알고리즘으로 무장하고 있다면 승리를 보장 받을 수 있게 되는 것이다. 전략이 성공하기 위해서는 군대의 경우 경험과 학습을 통해 훈련으로 완성되는 체계적인 알고리즘이 있어야 하며 이러한 훈련은 실제 전투에서 빛을 발하게 되는 것이다.

그림 3-1 　전략에서의 알고리즘 체계

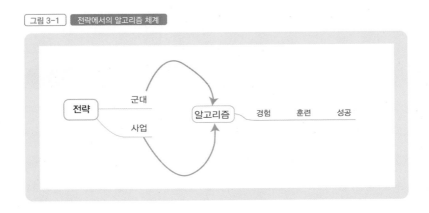

현대의 비즈니스는 기업의 라이프 사이클이 짧아지고 있고 경쟁자는 우리가 예상하지 못하는 다양한 영역에서 갑자기 나타나고 있다. 예를 들어 휴대폰의 경쟁자는 MP3를 만들던 애플이라는 기

업이 기존의 컴퓨터 시스템에 해당하는 다양한 기술과 음원 포털 및 서비스를 기존의 MP3와 융합하고 여기에 통신 기능을 융합하여 휴대폰의 강자가 되었다.

기존의 노키아 또는 삼성 같은 기존 휴대폰사업의 강자는 그 업을 영위하는 데 있어서 전혀 들어 보지도 못한 새로운 강자의 출현으로 인해서 사업이 몰락하거나 큰 위기를 겪은 바 있다.

4차 산업혁명은 새로운 기술의 출현이 아니라 기술의 융합에서 탄생한 새로운 기술적 혁명이며 이러한 혁명이 동시대를 살아가는 우리 앞에서 전개된다는 것은 새로운 위기이자 기회로 작용할 것이라는 것을 깊이 인식해야 할 것이다.

결론적으로 전략의 성공을 위해서는 경험되고 학습된 알고리즘이 전략이라는 큰 틀에서 존재해야 하는 것이 핵심이라고 할 수 있다.

3.1 ▶ 알고리즘 전략

지금부터 수천 년전 인간의 모습을 생각해 보면 어떠한 모습일까? 누구나 상상을 해본 일이 한번쯤은 있을 것이다. 그때 모습을 상상해 보면 구부정한 모습의 몸에 털도 많이 나있는 흡사 원숭이와 비슷한 모습을 하고 있고 머리는 아마도 길었을 것이고 동굴에서의 생활로 인해 씻지도 않았을 것이며 지금의 모습과는 사뭇 다를 것이라는 것은 짐작으로 알 수 있을 것이다. 뿐만 아니라 동족들 간에 무리 생활을 하며 사냥을 하였지만 큰 동물과는 상대도 되지 않을 것이라서 아마도 맹수들이 먹다 버린 동물의 살코기(내장

처럼 먹기 편한 것은 맹수들이 모두 먹었을 것으로 생각이 된다)와 껍질을
주로 먹었을 것이다. 힘이 없다 보니 식성은 잡식성이었을 것으로
추측이 된다.

그 후 인간은 오랜 세월을 거쳐 언어와 문자를 만들고 필요에 의
해서 도구를 제작하기 시작하면서부터 문명의 싹을 피웠을 것이다.

오래전 돌도끼를 사용하던 석기 시대에서 우리의 손은 오늘날
과 같이 섬세한 작업을 하지 못했을 것이며 이러한 추측을 통해 지
금의 손보다는 매우 힘이 세고 굳은 살이 많이 박혔고 거칠었을 것
으로 상상이 된다.

그 당시에 생존을 위한 가장 필요한 부분은 기후의 변화에 대비
하고 생존에 필요한 먹거리의 확보가 가장 중요한 시대였을 것이다.
이때 가장 필요한 것은 사냥 등과 같은 방법을 통해서 작은 동물을
잡아서 먹는 것이 우선일 것이다. 인간의 무리들은 수렵과 채집을
효과적으로 하는 것에 길들여져 있을 것이고 이것은 생존과 직결
이 되는 문제라서 이러한 문제를 해결하는데 모든 것이 집중되어
있었으며 이를 수행하기 위해서 우리 인간의 알고리즘은 그 방면
에 최적화가 되어 있었다.

그때 가장 필요했던 방법 내지는 알고리즘은 다음과 같을 것이다.

(1) 돌도끼 등 사냥에 필요한 도구를 만든 방법
(2) 사냥감을 잡기 위해 유인하는 방법 내지는 살상 방법
(3) 추위, 더위 등 기후 변화에 대한 대비책 및 맹수로부터의 보호
(4) 다른 무리로부터 종족의 보호 등이 가장 중요한 알고리즘으로 내재화 되
    었을 것이다.

인간의 몸은 본능적으로 자기를 방어하고 종족을 유지하려는

전략을 기반으로 모든 알고리즘이 내재화되고 체계화되지 않았을까 하는 생각 해본다.

인류의 역사를 보면 수렵과 채집의 시대를 거쳐 농경 사회로 들어가고 다시 이를 거쳐 화석 연료의 시대로 들어온 지금 각 시대 마다 인간의 알고리즘은 그것에 맞게 최적화가 되어 변화하고 있다는 것을 느끼게 된다.

그림 3-2 알고리즘의 진화

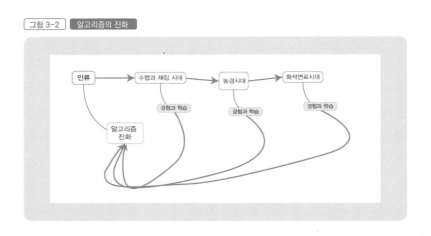

알고리즘은 진화를 거듭하여 보다 나은 알고리즘 즉, 문제를 해결하기 위한 절차와 방법으로 지속적으로 발전하는 속성을 가지고 있다. 〈그림 3-2〉의 알고리즘의 진화라는 그림을 보면 각 시대별로 상황이 내재되어 공통적인 경험과 학습이라는 기능적 요소를 통해서 최종적으로는 알고리즘이 진화한다는 것을 볼 수 있다.

알고리즘은 최종적으로 달성하려는 목표를 기반으로 하고 있기 때문에 하나의 알고리즘은 독립적인 알고리즘으로 완성되는 것으로써, 조각 조각 만들어진 효율적인 해결 방법들을 통하여 통합적인 알고리즘으로 완성되는 것이다.

결국 통합된 개개의 알고리즘은 전략 요소의 일부분으로 활용이 되기도 하고 개개의 알고리즘이 통합되면 궁극적으로는 조직의 목표를 달성하게 되는 매크로적인 형태로 발전하게 되는 것이다. 이러한 알고리즘을 융합하여 우리의 목표를 효과적으로 달성하는 전략을 알고리즘 전략이라고 할 수 있으며 다양한 응용 영역에서 활용이 가능하다고 할 수 있겠다.

효과적인 알고리즘 전략은 다음과 같은 요소가 반드시 포함되어야 한다.

(1) 내재화를 통한 경험의 고도화의 의미가 포함되어야 한다.
(2) 끊임없는 순환적 속성을 가지고 있다.
(3) 다양한 요소가 융합되어 만들어져야 한다.
(4) 학습은 경험과 함께 알고리즘을 만들어 내는 핵심 요소이다.
(5) 체계적인 전략이 내재되어 있어야 한다.

위와 같은 다섯 가지의 요소를 가지고 다양한 부분에 알고리즘을 설계해 보자. 그러면 우리는 최상의 알고리즘을 만들어 낼 수 있을 것이다.

인류는 끊임없는 혁신 속에서, 기술을 중심으로 한 도구를 만들고 이를 통해서 발전을 계속 해 왔다. 그 기술을 통해서 농업 혁명, 산업혁명을 이루었지만 그에 대한 결과는 좋은 것도 있었고 나쁜 것도 있었다. 예를 들어 농업 혁명을 통해서 가축을 이용하여 농사를 짓고 한곳에 정착을 하면서 불을 이용하여 음식을 익혀 먹었다는 단순한 인류의 변천사 속에서 소의 몸에 있던 미생물들이 자연스럽게 우리 인간의 몸으로 스며들었고 이러한 미생물은 치명적인 질병을 인류에게 전파하였다.

우리와 가까이 있는 고양이, 개, 돼지 그들이 가지고 있던 미생물을 인간에게 전파하고 있고 앞으로 어떠한 질병으로 인간에 다가올지 모르겠지만 인류의 기술을 통한 운송 수단의 발전으로 말미암아 이러한 전파 속도는 더욱 빠르게 퍼져 나갈 것이다.

코로나 19와 같은 팬데믹이 과거에도 유사한 흑사병과 같은 사례는 있었지만 그 당시 기술의 발전이 미비하여 전파 속도는 극히 제한적이어서 전파가 용이하지 않았다. 하지만 이제는 인류의 오랜 생활 양식이 기술과 함께 융합됨에 따라 아마도 코로나19와 같은 질병은 끊임없이 인류를 위험으로 빠뜨리게 할 것이다.

인류는 끊임없이 그들의 생존을 위해서 알고리즘을 만들어 왔고 이러한 알고리즘은 인간의 내부로 들어와서 오랜 시간을 두고 진화하고 있다. 이러한 알고리즘 속에는 배설물과 같은 것은 멀리하는 습성을 자연스럽게 내재화 하였다. 이것은 오랜 경험과 학습으로 만들어진 것으로서 자연스럽게 인류에게 위협이 되는 요소를 멀리하게 되는 자연스러운 알고리즘으로 발전한 것이라고 할 수 있다. 따라서 기술의 발전이 지금은 인류가 오랜 기간 동안 만들어 놓은 알고리즘을 위협하는 주기가 짧아지고 있다. 우리는 이에 대한 대비도 함께 해야 되지 않을까 생각한다.

3.2 분석 알고리즘

알고리즘을 이해하거나 학습하고 경험을 통해서 실행할 때 가장 먼저 해야 할 것이 분석 알고리즘이다. 분석(分析; Analytics)은 어떠한 문제를 다양한 방법으로 해결하는 것을 말한다. 우리는 어떤 문제에 당면하였을 때 끊임없이 해결하는 시도를 하게 된다.

아이가 처음으로 걸음걸이를 배울 때 엉금엉금 기어 다니는 것에서 시작을 한다. 엉금엉금 손과 다리가 바닥에 닿고 굳은 살이 박히도록 기어 다니다가 시간이 지남에 따라서 무엇을 잡고 두 다리로 일어나게 된다. 이렇게 무수히 많은 반복을 하다가 두 발로 걷기를 시도하게 된다. 물론, 엄마의 손을 잡고 일어나기도 하고 잠시 손을 놓고 몇 걸음 다니다가 넘어지기도 하고 다시 일어나기를 무수히 반복을 하며 두 발로 걸어 다니기를 시도한다. 그러면 아이는 본능적으로 넘어지게 되면 무릎도 아프고 때로는 상처도 생기기 마련이다. 그래서 어린아이의 무릎은 성할 날이 없다. 두 발로 걷는 직립보행을 하는 이유는 여러 가지가 있지만 동물과 구별되는 요소이기도 하다.

그림 3-3 걸음 걷기의 경험을 통한 알고리즘의 형성

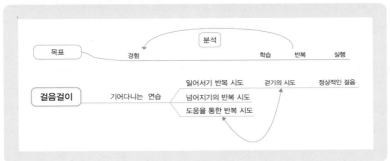

처음은 심하게 넘어져 다치기도 하지만 이러한 경험이 쌓이면 넘어지더라도 많이 다치는 경우가 없고 그저 간단한 찰과상만 입게 마련이다. 이러한 과정을 반복하면 분석이라는 요소가 개입되게 된다. 분석이라는 요소는 복잡한 수학이나 통계학적인 공식 및 함수 그리고 계산을 통해서만 하는 것이 아니라 우리가 하고 있는 다양한 행동 자체도 분석에서부터 시작하게 된다.

우리의 신체를 걷기라는 목표를 설정하고 경험과 반복을 통해서 실행시켜 나간다.

인공지능을 통해서 이족 보행을 하는 로봇을 설계한다고 했을 때 이족 보행은 인간의 두 발로 걷는 행위에 해당하는 이족 보행의 연구에서 관절 그리고 무게 등을 분석하여 보폭, 무게 중심 등을 분석하여 최적의 상태를 만들어 가상의 환경에서 설계를 하고 시뮬레이션이라는 모의 실험을 통해서 정확한 이족 보행 로봇을 만드는 것이다.

물론, 생물학적인 인간과 인공적인 로봇은 실행에 있어서 많은 차이가 있지만 알고리즘을 만들어 나가는 과정은 동일한 것이다.

인공지능이라는 기술을 통해서 음성을 분석하여 챗봇을 만든다든지 음성 대화가 가능한 화자 인식 시스템을 만든다는 것은 근본적으로 알고리즘을 체계화하고 분석하여 인간의 경험과 학습이라는 요소를 동일하게 주입하는 과정을 반복한 결과라고 보아도 무방할 것이다.

이러한 과정 속에서 최상의 알고리즘을 가능하게 하는 것은 경험과 학습 속에서 실행된 결과를 분석하고 다시 반복적으로 이를 적용하는 과정 속에서 우리가 원하는 최상의 목표를 이룰 수 있게 되는 것이라고 할 수 있다.

저자는 한때 서체 즉, 캘리그래피에 많은 관심이 있었다. 서체를 배운다는 것은 무척이나 고된 작업이라는 것을 알게 되었고 간단한 문서 편집기에 포함된 다양한 서체를 보면서 다양한 서체 속에 담긴 디자인적인 요소와 함께 그의 패턴에 깊은 매력을 느끼게 되었다.

글자는 단지 어떠한 의미를 전달하는 요소로서가 아니라 그 글자가 지니고 있는 디자인적인 요소로서의 매력도 대단하다고 느꼈고 그러한 매력은 단지 서체뿐만 아니라 여러 개의 글자가 모여 공간에 배치되는 디자인 그 이상의 의미도 있다는 것을 알게 되었다.

우리의 생각과 말을 글자로 표현하고 이러한 글자를 통하여 지금과 같은 문명 사회를 이루어 왔다고 해도 과언이 아니다.

이러한 글자를 배울 때 우리는 연필이라는 도구를 통하여 손으로 글자를 반복적으로 쓰는 연습을 오랫동안 하게 된다. 그러한 연습을 통하여 우리는 글자와 글자를 연결하여 하나의 문장을 이루게 되고 그러한 문장이 모여 한 권의 책을 이루며 이러한 책은 하나의 문학 작품이 되기도 하고 가치있는 기술을 탄생하는 매개체가 되기도 한다.

글자를 배울 때 아무리 손의 힘이 센 사람이 배운다고 하더라도 우리가 만족하는 글자를 쓸 수는 없을 것이다. 어린 아이나 성인이나 모두 반복적인 경험과 학습을 통해서 글자를 반복적으로 쓰는 연습을 하며 익히게 된다. 이후에 다양한 서체를 경험하며 글자의 매력을 느끼게 되어 좀더 멋진 글씨를 위해서 캘리그래피를 배우게 되는 것이다.

우리는 이러한 과정을 알고리즘의 실행이라고 한다. 이러한 실행을 반복적으로 학습을 할 때 다양한 도구와 효율적인 시도를 통해서 사람마다 조금씩의 차이는 있지만 글자를 마음대로 편하게 쓸 수 있게 되는 것이다.

알고리즘을 실행할 때는 처음부터 완벽한 알고리즘이 만들어지지 않는다. 알고리즘 속에는 경험과 학습이라는 두 개의 키워드가 융합이 되고 반복적으로 실행이 되어야만 완성이 되는 것이기 때문이다. 인간은 약 1400g의 뇌용량을 가지고 있다. 이러한 알고리즘을 실행하기 위해서는 뇌의 역할이 매우 중요한데 소위 얘기하는 지능지수 등이 매우 중요한 작용을 하고 있다. 이러한 지능지수는 조상으로부터 물려받은 유전자를 통해서 내재화 되는 속도와 완성도가 조금씩은 다르다.

우리는 때때로 이런 얘기를 하곤 한다. "너는 이 분야에 소질이 있구나." 또는 "이 분야에 타고난 자질이 있구나" 하고 종종 얘기하곤 한다. 하지만 조상에게 타고난 자질도 있으면 좋겠지만 학습하고 경험하는 열정과 노력이 더욱 중요한 요소를 차지하고 있다. 부모로부터 물려받은 유전자가 동일한 쌍둥이의 경우 처음은 거의 동일하지만 나이가 들어가면서 어떤 환경 속에서 살아왔는지가 노화를 좌우하기도 하니 자연적인 요소뿐만 아니라 인위적인 환경적인 요소 또한 매우 중요하다고 할 수 있다.

이렇듯 어떠한 목표를 달성하기 위한 알고리즘을 만들기 위해서는 다양한 요소가 융합이 되어 실행된다는 것을 우리는 알 수 있을 것이다.

실행을 한다는 것은 인공지능적인 측면에서 보면 풍부한 GPU

(Graphic Processing Unit) 자원을 실행하면 빠르고 정확한 실행은 가능하게 되지만 반대로 소프트웨어적인 측면에서 최적화된 인공지능 모형을 설계하여 적용한다면 우리는 GPU자원이 빈약하더라도 효과적인 인공지능을 실행할 수 있게 된다. GPU는 인공지능을 실행하는 일종의 도구이자 도움을 주는 물리적인 요소이지만 AI 소프트웨어 및 빅데이터는 학습과 경험을 실행해 주는 가장 중요한 요소이기 때문이다.

하나의 알고리즘이 만들어 지고 그 알고리즘이 다른 알고리즘과 융합이 되고 다시 그 알고리즘은 새로운 알고리즘으로 재탄생이 되니 사람의 일생이 알고리즘을 위해서 학습하고 경험하는 일종의 입력과 출력, 구성, 목적으로 이루어진 하나의 시스템처럼 느껴지기도 한다.

알고리즘에는 생명 주기가 존재한다. 흔히 생명 주기라고 하면 하나의 인자가 생성되고 소멸될 때까지의 전 주기를 생명 주기라고 한다. 이러한 생명 주기는 빅데이터 또는 인공지능 그리고 알고리즘에서는 그것만의 독특한 생명 주기가 있다. 그리고 우리는 이것을 알고리즘의 생명 주기라고 한다.

우리가 어떤 실행을 위해서 사용하는 다양한 알고리즘들은 생성되고 소멸되지만 소멸이라는 의미는 없어지는 것이 아니라 새로운 알고리즘으로 다시 탄생하여 재실행이 되는 특성을 가지고 있는 것처럼 독특한 알고리즘만의 생명 주기가 존재한다.

그림 3-4 　 알고리즘의 생명주기

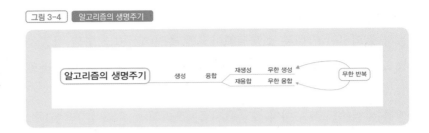

자연계에 살아 있는 모든 생명체는 유한하다라는 속성이 있다. 반드시 생성되고 소멸된다라는 순환의 고리 속에 있는 것이다. 반면에 그의 이면에는 종족을 남기려는 속성 또한 가지고 있다. 이런 것을 종합해 볼 때 유한과 무한이 공존한다는 것을 우리는 알 수 있다.

인간을 포함한 자연계의 모든 알고리즘은 끊임없이 생성되고 융합되고 실행되고 전달되는 것이 알고리즘의 생명 주기라고 정의할 수 있다.

3.4 알고리즘의 중첩

우리의 생활은 의식적이든, 무의식적으로든 어떠한 문제를 해결하는 과정의 연속이라는 것을 알 수 있다. 예를 들면 우리가 어떤 목적지를 간다고 하면 이동 수단과 경로를 통해서 다양한 방법을 유추해 볼 수 있을 것이다. 교통 수단은 대중 교통인 지하철, 버스, 택시를 타고 갈 것인지에 대한 선택을 해야 하며 어떠한 경로로 찾아갈 것인지에 대한 선택을 통하여 최종적으로 목적지에 갈 방법을 결정한 후 이동한다. 또한, 교통비용을 적게 들이는 것이 목적인지, 빠른 시간에 도착해야 하는 것이 목적인지에 따라서 우리가 선택해야 할 것은 달라질 것이다. 이러한 과정 속에서 비용은 적게 들이고 원하는 목적지까지 도착하기 위해서라면 도보를 통해서 버스 정류장으로 이동을 하고 노선이 맞는 버스를 타서 이동하게 된다. 이처럼 우리가 생활하는 가장 기본적인 삶에서도 다양한 방법과 고려해야 될 사항이 많이 있는 것이다.

최종적으로 문제를 해결하기 위한 방법은 여러 가지가 있을 것이고 상황에 따라 선택해야 되는 것은 각각 다를 것이다.

이렇게 문제를 인식하고 경험하고 학습해서 만들어지는 것이 알고리즘인데 알고리즘은 각 요소들 구성하는 인식의 과정이 중첩이라는 특성을 가지고 있다. 중첩(Overlay)의 사전적 의미는 여러 개가 겹쳐 보이는 현상을 의미하며 알고리즘의 중첩에서의 의미는 인공 신경망을 구성하는 다양한 히든(Hidden)층이 경험과 학습이라는 층(Layer)의 반복 내지는 심층 신경망에 해당하는 것이라고 볼 수 있다.

다음은 인공 신경망 중 RNN과 DBM에 대한 그림으로 다양한 층(Layer)이 생성되어 있다.

그림 3-5 　인공 신경망의 예

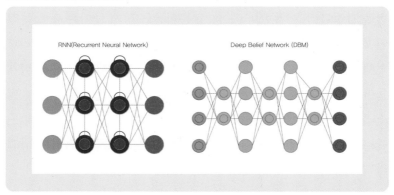

여기서 입력과 출력을 제외한 다층 신경망은 자연계에서 말하는 경험과 학습이라고 할 수 있다. 이러한 경험과 학습은 일회성이 아니라 반복적으로 수행하여 최상의 결과를 만들어 내는 것으로 경험과 학습은 알고리즘을 생성하고 그 알고리즘은 반복적으로 최상의 결과를 만들어 내기 위한 알고리즘을 반복적으로 생성하게 된다. 이러한 속성이 중첩이라고 할 수 있다.

다음 그림은 해결하려는 문제를 중첩이라는 원리에 의하여 과정1부터 과정N까지 반복하고 그것에 대한 결과를 반복하고 결과를 융합하는 일련의 과정을 거치는 것을 의미한다.

그림 3-6 문제를 해결하기 위한 반복적인 경험과 학습의 과정

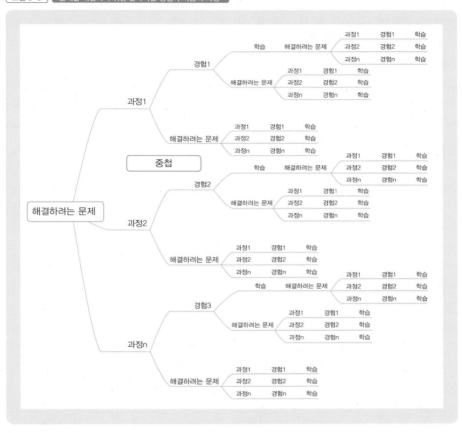

중첩은 다음과 같은 특징을 가지고 있다.

첫째, 중첩은 행동에 대한 다양한 결과가 학습이라는 과정을 거쳐서 체계화되기 때문에 동일한 목표 지향적이라는 특징을 가지고 있다. 이러한 특징은 과거 어떠한 행동을 하기 위한 근거를 포함한 일련의 학습 과정을 포함하고 있다. 자연계에서 인간은 이러한 학

습 과정 속에서 트라우마를 만들어 내기도 한다.

둘째, 중첩은 마치 몸속에 침입한 바이러스가 지속적인 증식과 끝없는 변이를 통해서 더욱 강해지는 특징이 있는 것처럼 알고리즘을 더욱 증식시키는 것과 같이 지속적인 변이를 만들어 내는 특성이 있다. 중첩은 동일한 결과를 지향하지만 이것은 엄밀하게 보면 조금씩은 다르지만 중첩이라는 원리처럼 겹쳐 보이는 특징을 얘기하는 것이다.

셋째, 중첩이라는 과정을 통해서 알고리즘은 시간적인 특성과 함께 그 이전의 알고리즘과 지속적으로 교배하는 것과 같이 서브 알고리즘을 만들어 내는 특징이 있다.

알고리즘의 중첩은 생성된 알고리즘이 더욱 목표 지향적인 결과를 만들어 내는 중요한 특징 중의 하나인 것이다.

3.5 알고리즘 플랫폼

우리의 주어진 여건에 의해서 각자가 조금씩은 다르겠지만 다음과 같이 하루를 생활한다. 잠을 자고 몇 번의 식사를 하고 일을 하며 하루를 마무리 한다. 그렇게 하루, 한 달, 일 년, 십 년이라는 시간을 보내며 나이를 먹고 죽음을 맞이한다. 인간을 포함한 모든 자연적인 생물은 생성과 소멸이라는 주기를 맞으며 세상을 살아간다.

그렇게 생성과 소멸이라는 주기 속에는 생성은 부모로부터 나라는 객체가 생성이 되고 다양한 사회생활을 하면서 다양한 연결

속에서 네트워크를 형성하며 삶을 영위한다. 유아기에 알고리즘은 부모라는 플랫폼을 중심으로 우리의 정신 세계가 형성이 되고 다양한 교육을 통해서 걸음걸이를 배우고 말과 행동을 배운다.

소년기에는 부모라는 플랫폼에서 벗어나 학교에서 만나는 동일한 연령대의 친구들과 하나의 플랫폼을 이루고 인격과 자아가 교육이라는 것을 통해서 만들어진다. 또한, 나이가 들어 사회생활을 하게 되면 직장이라는 플랫폼 안으로 들어가서 직장의 규칙과 규율에 맞게 적응을 하며 맡은 일을 수행하며 적응하며 살아간다.

인간의 생각과 행동을 흉내 내는 인공지능이라는 기술도 좋은 데이터로 학습을 하고 훈련을 하면 인간에게 친화적인 인간적인 선의의 인공지능으로 만들어지지만, 나쁜 데이터로 학습하고 훈련을 하면 인간에게 치명적인 나쁜 인공지능이 만들어지기 마련이다. 즉, Garbage in, garbage out(GIGO)라고 정의할 수 있다.

선하고 좋은 부모를 만나 사랑을 듬뿍 받으며 자란 아이는 학교라는 울타리에서 좋은 선생님 그리고 친구와 함께 교육을 받고 좋은 문화를 가진 조직에 들어가 맡은 업무를 행하며 행복을 느끼며 살아갈 확률이 높아진다. 이것은 자연계의 다른 생명체와는 구별이 되는 것이라고 생각한다.

알고리즘 플랫폼은 과연 무엇을 의미할까? 우리는 플랫폼은 그저 단순한 정거장 또는 어떤 장(場)으로 이해하고 있을 것이고 어떤 의미로는 소위 잘나가는 기업 중에 B2B(Business To Business) 같은 온라인 마켓을 운영하는 쿠팡 내지는 아마존과 같은 유통기업과 에어비엔비, 우버 같은 공유경제 기업을 떠올릴 수도 있을 것이다. 우리는 이러한 기업이 운영하고 있는 다양한 서비스를 이용하면서 생활하고 있다.

플랫폼은 이타적 특성을 가지고 있다. 거기에 참여하는 모든 객체는 모두 이익을 볼 수 있는 이상적 의미를 가지고 있기도 하며 독점 효과 내지는 고정(Lock-in) 효과로 인해서 부정적인 요소 또한 포함하고 있는 것이 플랫폼에 대한 느낌일 수도 있을 것이다.

플랫폼은 단방향, 양방향등 다양한 형태로 만들어질 수 있으며 SNS(Social Network Service)처럼 STAR형, 그물형 등 다양한 구조를 가지고 활용될 수 있다.

다음은 일반적인 플랫폼 기업의 구조를 나타낸 것이다.

플랫폼에서 중요한 것은 가장 허브가 되는 것을 의미하며 허브는 중계의 의미를 가지고 있기도 하다. 플랫폼을 통하여 서비스와 기업이 개인과 연결이 되고 이것을 통하여 비즈니스가 이루어지는 단순한 의미에서부터 시작되지만 가장 중요한 핵심은 허브의 의미를 가지고 있는 것이 플랫폼이라는 것을 기억해야 할 것이다.

그림 3-7   플랫폼 비지니스의 예

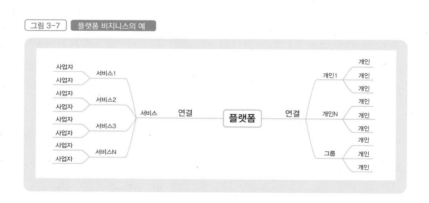

우리는 지금까지 단순한 비즈니스적 측면의 플랫폼에 대해서

알아보았다. 플랫폼 기업에서 가장 중요한 것은 물리적인 비즈니스 요소가 아닌 논리적 비즈니스 요소인 빅데이터가 있어야 한다. 이러한 빅데이터를 통하여 서비스 사업자와 개인을 함께 묶어주는 인사이트를 제공하는 중요한 핵심 요소라고 할 수 있다.

알고리즘 플랫폼은 단편적으로 표현하면 우리가 경험하고 만든 모든 일련의 행위에서 중심이 되는 것을 의미한다. 예를 들어 사람의 질병을 치료하는 의사의 경우 그의 알고리즘 플랫폼에는 의료라는 각종 지식 및 경험이 중심이 되고, 제품을 생산하는 기업 내지는 사람의 경우 그에 해당 하는 도메인 지식이 필수적으로 필요할 것이다.

자연계를 이루는 요소인 미생물은 박테리아라고 하는 이른바 세균, 그리고 바이러스, 효모 등으로 다양하게 존재한다. 우리의 체내에도 하나의 우주처럼 방대하고 거대한 세계가 그들만의 영역으로 자리 잡고 있다. 인간이 음식물을 섭취하고 이를 소화하여 영양분을 분리해서 체내에 축적하고 에너지로 소비하는 가장 기본적인 알고리즘을 보면 그 속에 그들이 가지고 있는 체계 또는 법칙이 효율적으로 실행되고 있다는 것을 알 수 있다.

채소나 육류를 먹었을 때 우리의 체내에서는 다양한 방식의 장 운동을 통해서 소화작용을 한다. 따라서 무엇을 섭취하고 어떻게 생활을 하느냐에 따라서도 신체에 영향을 미친다.

자연계에 존재하는 생물은 생물학적 입장에서 스스로 생명을 유지하기 위한 대사 능력 그리고 증식을 통해 종을 유지하며 환경에 맞게 진화를 거듭한다. 하지만 바이러스는 숙주가 있어야만 가능하며 스스로 증식하고 영양을 섭취하는 능력이 없다. 하지만 살아 있는 유전적 물질이지만 자연계의 생명체에게 지대한 영향을 미친다고 할 수 있다.

따라서 알고리즘 플랫폼은 존재하는 어떤 매개체에 영향을 미치는 본질도 될 수 있으며 단순한 매개체로서의 역할도 가지고 있다. 특정한 부분에서의 알고리즘 플랫폼은 그 행위를 이루게 하는 중심이며 그러한 행위가 효과적으로 이루어지게 하는 중심이 되는 것을 의미한다.

경험이 쌓이면 1차적인 결과의 경험이 쌓이고 이렇게 쌓인 1차적인 경험은 2차적인 경험으로 다시 만들어진다. 그래서 경험이 쌓이고 융합이 되면 어떠한 행위를 하기 위한 중심 역할을 수행하는 플랫폼의 역할을 담당하게 하는 것이다.

알고리즘 플랫폼은 몇 가지의 특징이 있다.

첫째, 알고리즘과 알고리즘이 연결이 되어 허브의 역할을 수행할 때 알고리즘 플랫폼이 만들어지는 것이다. 이러한 알고리즘 플랫폼은 알고리즘의 알고리즘이라고 할 수 있다. 이것의 예를 들면 오랫동안 수영을 연습한 사람은 계곡에서도 파도가 치는 바닷가에서도 수영을 잘한다. 수영을 한다는 것은 신체의 구조가 물에 들어갔을 때 에너지를 소비하지 않고 효과적으로 먼 거리를 안전하게 이동할 수 있는 능력을 체내에 오랜 기간의 경험과 학습을 통해서 융합한 것이다. 이러한 능력을 보유하고 있는 사람은 다른 사람이 물에 빠졌을 때 쉽게 구조를 할 수 있으며 물에 대한 트라우마가 없어서 물을 두려워하지 않는 정신적 특성 또한 가지고 있다.

효과적으로 헤엄을 치는 능력이 알고리즘으로 신체에 내재화되어 있고 이러한 능력을 통하여 물에 빠진 다른 사람을 효과적으로 구할 수 있는 능력 또한 갖추게 된 것이다. 그리고 수영을 하기 위해서는 폐활량이 다른 사람보다도 좋을 것이다. 이는 수영을 하면서 자연스럽게 만들어 지는 체내의 알고리즘이라고 헤엄치는 능력에 또 다른 알고리즘으로 작용하는 것이다. 이와 같은 예에서 알고리즘 플랫폼은 알고리즘의 알고리즘이라는 것을 알 수 있다.

둘째, 알고리즘 플랫폼으로 인해서 계속적으로 진화하는 특징이 있다. 이미 앞에서 알고리즘 플랫폼은 허브라는 의미를 가지고 있다고 하였다. 허브라는 개념으로 둘러 쌓여 있어서 알고리즘 플랫폼을 중심으로 많은 알고리즘이 연결되어 있다. 연결된 알고리즘은 각각 지속적인 진화를 과정을 통해 효율적인 알고리즘으로 빠르게 진화하는 특징이 있다.

이것은 하나의 언어를 체계적으로 공부를 해서 구사할 수 있게 되면 이러한 능력은 내재화되어 다른 언어 또한 쉽게 체득할 수 있는 능력을 가지게 된다. 그래서 두 가지의 언어를 구사하는 사람의 경우 다양한 언어를 쉽게 구사할 수 있는 능력 또한 갖게 되는 것이다.

셋째, 알고리즘 플랫폼은 결과가 행위로 만들어 지게 되는 과정 중에서 보면 세포의 분열과도 같은 알고리즘과 알고리즘이 분리가 되어 다른 알고리즘과 합성이 되기도 하는 특징이 있다.

인공지능 기술 중 신경망을 활용하다 보면 어떠한 목적을 달성하기 위해서 모형을 설계하고 효과적인 알고리즘을 구현하게 된다. 하지만 하나의 목적을 위해서 단순히 하나의 알고리즘만을 구현하는 것이 아니라 비슷한 기능을 수행하는 다양한 알고리즘을 서너 개쯤 만들어 이들이 달성하는 성과지표 등을 통하여 가장 효율적인 알고리즘을 사용하게 되는데 알고리즘 플랫폼에서도 플랫폼을 이루는 알고리즘의 일부가 분리가 되기도 한다. 쓸모 없거나 효과적이지 못한 것 또한 플랫폼에서 분열이 되기도 하는 것이다.

인간은 도구의 동물이라고 한다. 도구는 인간이 특정 행위를 할 때 그 행위의 결과에 도움이 될 수 있는 보조적인 수단인데 이러한 도구의 사용도 알고리즘의 일부분에서 탄생되었다고 할 수 있다.

앞으로는 자연계의 알고리즘 같이 인공지능에 활용되는 다양한 알고리즘도 메타버스(Metaverse)와 같이 사이버상의 가상 세계 등의 영역으로 더욱 확대될 것이고 그를 중심으로 하는 알고리즘의 플랫폼 역시 더욱 진화할 것이다.

3.6 마스터 알고리즘

마스터 알고리즘은 앞서 알고리즘의 플랫폼과 매우 유사한 개념을 가지고 있다. 사람들은 늘 어떠한 조직 또는 무리 속에서 생활한다. 이러한 무리 속에는 가장 중심이 되는 사람이 존재한다. 마치 소셜 네트워크에서 존재하는 빅 마우스 같은 역할을 하기도 하며 무리를 효과적으로 이끌기도 하는 보스의 역할을 한다. 이러한 것을 일종의 마스터라고 하며 마스터가 하는 행동이 일종의 마스터 알고리즘이라고 할 수 있다.

마스터 알고리즘은 다른 시각에서 보면 물리적인 부분과 상당히 유사한 측면이 있다. 마스터 알고리즘을 예를 들자면 열쇠 중에는 어떤 자물쇠에 넣어도 열리는 열쇠가 있다. 이러한 열쇠는 열쇠를 만드는 장인이 다년간의 경험으로 만든 열쇠라고 할 수 있다. 마스터 알고리즘은 개념적으로 워싱턴 대학교 컴퓨터 과학과 교수인 페드로 도밍고스(Pedro Domingos) 교수가 처음으로 사용한 용어로서 어떠한 데이터를 집어 넣더라도 이를 분석하여 원하는 목적을 달성할 수 있는 최상의 인공지능 이라고 하였다.

자연계에서 일어나는 모든 행위, 그리고 인간이 행하는 모든 행위는 뇌가 단독으로 실행을 하는 것이 아니며 이미 경험하고 학습한 토대 위에서 뇌가 그와 관련된 모든 데이터를 조합하여 일종의 최상의 결과를 만들어 내는 것을 의미한다.

우리는 식사를 하기 위해서는 도구를 사용한다. 각 나라의 문화마다 차이가 있기는 하지만 숟가락을 사용하기도 하고 젓가락을 사용하기도 하며 먹는 음식의 종류에 따라 차이가 있기는 하지만 포크 내지는 나이프를 사용하기도 한다.

밥을 뜰 때는 나이프나 포크를 사용하는 경우는 많이 없고 흔히 숟가락을 사용한다. 숟가락을 사용하는 이유는 밥알을 떨어뜨리지 않고 쉽게 먹을 수 있도록 오랜 시간에 걸쳐 만들어진 식사 도구이기 때문이다.

이러한 숟가락을 어렸을 때는 젓가락질이 익숙지 않아서 흔히 사용 되었던 것이 숟가락 한 가운데 포크 모양을 넣어서 만들어진 것을 사용했던 적도 있었다. 이것을 사용하면 밥뿐만 아니라 반찬도 쉽게 먹을 수 있기 때문에 매우 편리할 것이다. 이러한 모양의 숟가락이 아마도 마스터 알고리즘이 적용된 결과라고 할 수 있을 것이다.

문제를 해결하여 가장 효과적인 본연의 기능을 수행하기 위해서는 다양한 시도를 하게 된다. 이러한 시도는 경험이라는 데이터를 통해서 새로운 행동 패턴 내지는 도구를 만들게 되는데 그중에 가장 효과적이고 원하는 목적을 달성할 수 있어서 그것을 통하여 우리는 유사한 기능까지 쉽게 적용하여 결과를 만들어 내기 때문에 마스터 알고리즘은 만능 열쇠와 같은 마법과 같은 역할을 하게 된다.

자연계에서 세상에 종을 유지한다는 것은 그리고 후세대 종을 남긴다는 것은 동물이건 식물이건 아니면 아주 작은 미생물이건 간에 그들만의 방식과 체득한 알고리즘을 통해서 본연의 역할을 수행한다. 이러한 의미는 남극이나 북극, 적도에 사는 생물까지도 그 환경에 살아남기 위한 다양한 시도를 통해서 피부에서부터 신체의 모든 것이 적응하며 발전하게 된다.

따라서 마스터 알고리즘은 사전적 의미로 본다면 모든 것을 행위에 적용하여 목적에 맞는 결과가 만들어 지는 것을 의미하지만 단편적으로 적용해 보면 맞지 않는 영역도 많이 있다.

하나의 옷을 입을 추운 지방에서나 더운 지방에서나 모두 그의 목적에 충족한 옷을 만들 수 없는 것처럼 마스터 알고리즘은 어떻게 보면 완벽에 가까운 것을 지향하는 의미로 받아 들이는 것이 맞지 않을까 하는 생각이 들기도 한다.

그림 3-8 ┃ 마스터 알고리즘의 생성 과정

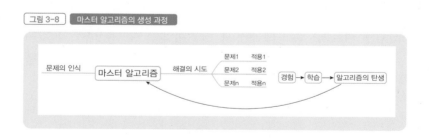

사람의 마음이나 생각을 볼 수 없듯이 자연계에 존재하는 알고리즘이나 인공지능은 모두가 어떻게 처리가 되는 지 알 수 없는 블

랙박스 형태의 모습을 취하고 있다.

　물론, 자연계 생명체의 행동이나 알고리즘을 읽을 수 있다는 것은 또 다른 문제이지만 문제는 읽을 수가 없고 단지 예측만 해볼 수 있다는 것이다. 이러한 예측 또한 알고리즘으로 알 수 있고 이러한 기반에는 알고리즘의 다양한 요소와 경험을 통해 예측해 볼 수 있는 정도이다. 물론 인공지능 측면에서는 설명 가능한 인공지능 기술이 있기는 하지만 설명이 가능하다고 하면 그것을 어찌 인공지능 이라고 할 수 있을까 하는 생각이 들기도 하다.

　세상은 설명이 가능한 것 보다는 설명이 가능하지 않은 것이 너무 나도 많다. 나 자신을 이해하기도 어려운데 타인을 어떻게 이해하고 자연의 모든 것을 어떻게 설명할 수 있을까라는 이분법적 접근도 해본다. 하지만 먼 훗날 우리는 약한 마스터 알고리즘을 만들다 보면 언젠가는 우리가 원하는 알고리즘을 만들 수 있을 거라는 마치 마스터 알고리즘과 유사한 희망을 품어 본다.

PART

04

기술의
중심에서

CHAPTER 04 기술과 알고리즘

04 기술과 알고리즘

기술(技術; Technology)은 다양한 원리나 지식을 해결하려는 문제에 적용하여 인간에게 유용하도록 만드는 실제적인 수단을 통칭하는 것이라고 한다.

기술은 알고리즘의 일부분이며 작은 협의의 부분이기도 하다. 인류의 문명은 기술을 기반으로 발전하고 있고 이러한 기술은 진보라는 측면에서 지속적으로 끊임없이 변화를 통해서 긍정적으로든, 부정적으로든 발전하는 속성을 가지고 있다.

기원전 10만 년 전부터 3만 년까지를 구석기 시대라고 하며 이를 구체적으로 중기 구석기 시대라고 하였다. 그때의 인간은 농경 생활을 하기 이전의 시대였으니 수렵과 채집을 통해서 삶을 영위하였을 것이다. 이때는 주로 추측하건대 거주하는 곳이 나뭇가지나 잎을 가지고 움집을 만들거나 동굴에서 생활을 했을 것이다. 특히, 비, 눈 등 환경의 변화에 따라 동굴에서 거주를 했을 경우 어두운 한정된 면적 내에서 빛도 들어오지 않았으니 주로 작은 무리와 함께 또는 혼자서 하루의 대부분의 시간을 보냈을 것이다.

지금도 인간은 비가 오는 날이면 주로 습도의 영향 때문인지는 모르겠지만 어떤 사람들은 관절이 아프기도 하고 일부는 야외의 활동이 쉽지 않으니 동굴 같은 집안에서 여러 가지 일을 하며 시간을 보내기도 한다. 그래서 인지 지금도 비가 오는 날이면 낭만적이거나 우수(憂愁)에 젖기도 하는 것 같다. 뿐만 아니라 전망이 좋은 높은 집을 선호한다. 이것은 좋은 스카이라인을 가진 전망을 선호하는 측면도 있지만 그 옛날 맹수나 불과 같은 자연 재해를 선재적으로 발견하기 위해서 보다 높은 곳 또는 높은 나무 가지 위에서 사방을 바라보며 무리를 지키기도 하였을 것이다.

지금까지 얘기한 두 가지의 예에서 비가 오면 낭만적이나 생각에 젖는 행동 그리고 높은 곳을 좋아하는 심리 등이 만들어진 것은 오랜 시간을 두고 체내에 축적이 되고 진화했던 결과가 아닌가 하는 재미있는 생각을 해보았지만 우리의 거주 방식은 인류의 삶에 매우 큰 영향을 끼쳤다는 것을 단편적으로 알 것이다.

동굴의 벽면에 그려져 있는 많은 그림들 그리고 수렵과 채집이라는 생활 속에서 만들어진 수많은 도구는 문자와 언어, 그리고 짐승을 효율적으로 잡을 수 있는 수단으로 진보하였다는 것을 알 수 있다.

이와 비슷한 사례 중 하나인 워드프로세서를 예로 들어 보도록 하겠다. 우리가 입력한 문서를 원하는 형태로 쉽게 만들 수 있고 이를 수정하여 원하는 만큼 종이로 인쇄할 수 있다는 매력에 푹 빠진 적이 있다. 물론 원하는 문서를 종이에 작성을 하고 복사기를 이용하여 수십 장 만드는 방법도 있고, 타자기를 이용하여 먹지를 서너 장씩 대고 동일한 문서를 만들기도 했었지만 컴퓨터를 이용한 워드 프로세서의 등장은 우리의 업무 환경을 혁신적으로 바꾸어 놓았다.

그림 4-1 ┃ 문서 기반 자료의 빅데이터화 절차

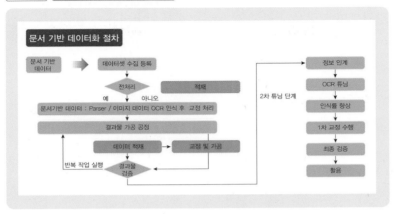

이러한 기술의 발전으로 타자 업무나 문제를 대서해 주는 직업 등이 하루 아침에 쓸모없는 기술로 전락을 했고 문서에 대한 사용, 보관 등에서도 많은 변화가 생겼다는 것을 우리는 익히 알고 있다.

〈그림 4-1〉은 종이, 전자파일등의 형태로 되어 있는 각종 문서 기반의 데이터를 문자의 패턴을 인식하고 이를 데이터베이스에 저장하는 절차를 설명한 것이다. 위와 같은 절차를 통하여 각종 문서 기반의 자료를 데이터베이스화하여 이를 분석하고 활용할 수 있는 형태로 바꾼다. 이러한 절차를 거쳐서 데이터화가 되면 우리는 단순 저장에서 머무르지 않고 분석이나 학습이 가능한 지식 내지는 지혜의 측면으로 다가갈 수 있는 것이다.

위와 같은 절차는 기술이 발전하면서 인공지능기술과 융합이 되면 다양하고 끊임없는 학습을 통해 문자인식의 정확도를 높이고 이를 활용할 수 있는 단계가 되는 것이다. 이것은 이전에 수행했던 절차를 학습이라는 것을 통해서 효율적인 알고리즘을 만들고 그러한 알고리즘을 통해서 새로운 도구와 효율적인 행동이 창출할 수 있었다면 지금은 이러한 결과로 인해서 알고리즘이 형성되는 측면이 훨씬 더 많아지고 있다는 것을 느낄 수 있을 것이다.

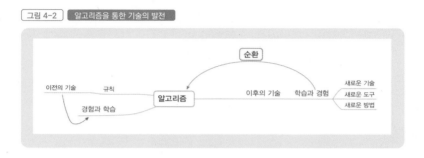

그림 4-2 알고리즘을 통한 기술의 발전

이제는 알고리즘이라는 정보 기술의 발전과 융합하여 인공지능으로 고도화되어 일상으로 파고드는 지금은 어떻게 보면 초기 단계일지도 모르겠다. 기업들도 다양한 서비스와 제품이 인공지능 기술을 적극 활용하여 이러한 트렌드에 맞춰 혁신이라는 이름으로 계속 진화하고 있는 중이라고 생각한다. 기술이 알고리즘과 함께 무장이 되면 기술은 더욱 고도화가 될 것이고 이러한 고도화를 통해서 인류의 삶은 더욱 윤택해질 수 있을 거라는 믿음이 조금씩 싹트고 있다.

지금은 4차 산업혁명의 시대로서 정보 기술의 시대를 넘어서 데이터 테크놀로지의 시대로 가고 있다. 데이터 테크놀로지 시대에서 빅데이터는 알고리즘을 만들기 위한 기반이 되는 원천이며 보다 가치 있는 빅데이터를 확보하는 것이 우선이라고 할 수 있다.

우리가 알고 있는 다양한 인공지능 기술들이 왜 지금 4차산업혁명의 중심이 되었을까 생각해 보면 다음과 같은 이유일 것이다.

첫째, 이전의 경험을 학습하고 경험이 가능하게 해주는 빅데이터의 출현이라고 할 수 있다. 음성을 학습하여 인식하고 어떠한 명령을 실행할 수 있게 해주기 위해서는 다양한 음성을 학습할 수 있는 풍부한 음성 데이터가 있어야 한다. 또한, 이미지 데이터를 학습하여 이미지 속에 담겨 있는 의미를 분석하여 새로운 이미지를 만들어 낸다거나 이미지 속에 담겨 있는 정보를 통하여 새로운 그 무엇인가를 만들어 내기 위해서는 학습이 가능한 많은 이미지 데이터가 있어야 한다. 이것을 가능하게 하는 모든 것이 빅데이터를 기반으로 하고 있기 때문이다.

빅데이터를 처리하는 플랫폼인 하둡이 세상에 나온 지도 오랜 시간이 되었다. 따라서 관련 기술을 포함한 기술 셋을 중심으로 엔터프라이즈 기업 및 오픈 소스 관련 소프트웨어가 출시되고 있다.

다음 그림은 빅데이터를 통한 실시간 처리 시스템에 관한 분석 시스템의 아키텍처 구조도를 나타낸 것이다.

빅데이터 기반의 인프라 스트럭처인 K8S(Kubernetes) 기반의 데이터 컨테이너, 인공지능 기반(ML/DL Engine) 엔진, 하둡(Hadoop) 및 에코 소프트웨어가 통합된 것으로 빅데이터 및 인공지능 관련 소프트웨어가 오픈 소스 기반으로 구축되어 인공지능 등을 가능하게 하는 구조로 구성하는 것이 현재의 추세이다. 이것은 앞서 언급한 퍼즐 테크놀로지의 한 사례라고 할 수 있다.

그림 4-3) 빅데이터를 기반으로 분석 시스템의 예

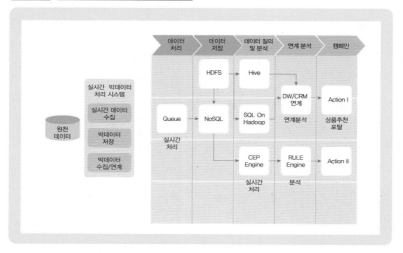

　　둘째, 비정형 데이터를 저장하고 분석하는 컴퓨팅 파워가 탄생했다는 것이다. 비정형 데이터는 일반적인 텍스트 기반의 데이터보다는 많은 용량을 차지하고 있지만 그의 형태가 정해져 있지 않는 비정형의 형태가 많다. 뿐만 아니라 사진, 음성, 이미지, 동영상 데이터는 많은 용량을 차지하고 있기 때문에 이를 효과적으로 저장, 분석하기 위해서는 성능이 좋은 소프트웨어와 하드웨어가 있어야 하기 때문이다.

　　셋째, 정보의 저장 그리고 관리를 효율적으로 가능하게 하는 클라우드 기술의 출현일 것이다. 물리적인 정보 기술 시스템으로는 막대한 양의 비정형 빅데이터를 효과적으로 저장하거나 이를 활용하기가 용이하지 않기 때문에 5G통신망 같은 빠른 속도의 통신 네트워크를 통해서 가상의 공간에서 활용할 수 있어야 그의 이용이 매우 효율적일 것이다.

지금까지 나열한 3가지 이유를 통해서 요구된 사항을 충족하기 위해서 오픈소스를 기반으로 다양한 기술 요소를 충족하기에는 많은 부분에서 부족하였지만, 엔터프라이즈 서브스크립션 기반의 빅데이터 플랫폼 기반의 제품 셋을 통하여 구현이 용이하게 되었다.

따라서 기존의 학습과 경험을 서비스 중심의 알고리즘으로 구현하기 위한 인공지능 기술로서의 구현이 쉬운 기술적 환경이 도래하였다는 생각이 된다.

4.1 디지털 기술과 알고리즘

디지털 기술은 0과 1로 이루어진 이진법을 적용하는데, 전류가 흐르면 1, 단절이 되면 0이라는 원리를 통하여 만들어졌다. 미국의 작가인 데럴(Darrell M. West)이 2011년에 쓴 디지털 기술과 사회 혁신이라는 책을 보면 디지털 기술을 통해서 변화하는 사회를 주제로 해서 그에 대한 효과 및 효율에 대해서 기술하였다. 물론, 한참 연구가 진행되고 있는 양자 물리학을 기반으로 하는 양자 컴퓨터는 0과 1 그리고 0과1이 함께 존재하는 Qubit이라는 최소의 단위를 기반으로 기술이 본격적으로 상용화가 되면 어떠한 세상이 만들어질지 아직은 잘 모르겠지만 여하튼 지금은 0과 1이 지배하는 디지털 세상이라는 데 모두 공감을 할 것이다.

디지털은 디지트(Digit)라는 척추동물의 손 또는 발가락을 의미하는 단어이다. 이것이 의미하는 바는 마치 손가락으로 물건을 셀

때 하나둘씩 떨어지게 셀 수 있는 것을 의미한다. 그것은 0과 1이라는 두 개의 숫자로 표현하는 중간이 없는 단계를 의미하는 것이 디지털이라는 것을 뜻한다.

비가 오게 되면 우리는 음악을 듣곤 한다. 이것을 아날로그적인 감성이라고 하는데 이렇게 나이가 들어가면서 옛것을 좋아하고 귀에 친근했던 음악을 더욱 좋아하게 된다. 뿐만 아니라 나이를 먹으면 구분이 딱딱 되지 않고 그저 두루뭉실하게 성격도 바뀌고 포용하는 마음도 더 넓어지는 것을 느끼게 된다. 디지털은 숫자로 구분되어 애매모호함이 없는 것이라고 할 수 있다. 엄밀하게 생각하면 0과 1 사이에도 존재하는 그 무엇이 있는데 그것을 표현하기가 불가능한 것이다.

이러한 기반 원리에서 디지털 기술은 탄생하였다.

[그림 4-4] 계산에서 생각의 영역으로 디지털 기술의 변화

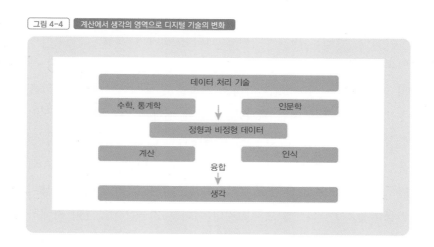

4차 산업혁명의 중심 기술이라고 할 수 있는 빅데이터, 인공지능, 클라우드, 네트워크 통신 등이 모두 디지털 기술을 활용해서 만들어진 결과라고 할 수 있으며 이것이 융합되어 새로운 결과가 만들어지는 것이 4차 산업혁명이라고 할 수 있다. 이러한 기술의 결과는 인간의 지능을 흉내내서 인공지능이라는 특이점의 목표를 향해서 달려가는 것이라고 할 수 있다.

딥러닝, 머신러닝 등 우리가 활용하는 다양한 기법 내지는 알고리즘은 이미 수십 년에 만들어진 것이지만 이것이 실현되기까지 시스템적 기반 구조가 없었기에 우리는 생각에 머물러 있었던 것 같다. 또한 기술의 흐름 속에 하드웨어적인 요소는 기하급수적으로 발전하였지만 그 안에 담을 수 있는 정신과 같은 소프트웨어적인 요소는 발전의 속도가 더딘 것 같다. 우리가 통상적으로 말하는 디지털 기술을 나열하기가 불가능할 정도이다. 그 이유는 기술의 대역폭이 너무 방대해서 일 것이다.

하지만 굳이 설명하자면 입력과 출력, 구성, 목적으로 이루어진 커다란 통속에 그것을 처리하는 요소 기술을 즉, 통신 기술을 포함해서 반도체, 인터넷, 기계, 전기, 전자 등의 기술이 융합된 결과물이 디지털 기술이라고 정의할 수 있을 것 같다. 그리고 우리는 이러한 디지털 기술 안에 알고리즘이라는 효율적이고 이상적인 해결 방법 등을 소프트웨어적인 요소로 담아 효과적으로 문제를 해결하는 기반을 만드는 것이 인공지능이라고 말 할 수 있을 것이다.

이러한 디지털 기술의 특징은 다음과 같은 특징이 있다.

첫째, 기술이 구분되어 각 단계를 뛰어 넘을 수는 있다. 통신 기술을 예로 들면 광할한 지리적 요건으로 인해서 일일이 통신 회선을 설치하기 어려운 조건이라면 회선을 통해서 구현이 되는 단계를 뛰어 넘어 무선 통신 기술을 이용하여 전파로 연결이 되는 무선 통신의 단계로 바로 갈 수도 있으며, 금융 산업처럼 플라스틱 카드를 발급하거나 보급하기에 어려운 여건이 있다면 온라인 입금 단계에서 신용카드의 단계가 아닌 가상 화폐 또는 QR 코드 같은 기술을 이용한 지불 결제의 시대로 갈 수도 있는 것이다.

둘째, 디지털 기술은 융합의 산물이다. 융합의 의미는 둘 이상의 것을 서로 합쳐 하나로 만든다는 것을 의미한다.

따라서 하나의 기술이 완성되면 다른 하나의 기술과 합쳐져서 새로운 기술을 만들어 낸다는 것을 의미한다. 휴대폰를 예로 들면 휴대폰는 음성을 전달하는 기계이다. 하지만 음원을 재생할 수 있는 기능을 넣어서 음악 플레이어의 기능을 수행하기도 하고 네비게이션의 기능을 넣어 원하는 목적지를 찾아가는 네비게이터의 역할을 한다.

앞으로의 디지털 기술은 이러한 물리적 기능 속에 소프트웨어적인 기능을 융합하여 인간이 필요로 했던 그리고 인간의 개입으로 완성이 되었던 최적의 결과를 기계가 내리는 쪽으로 발전할 것이다.

그림 4-5 국가 데이터 맵

출처: 행정안전부 www.data.go.kr

셋째, 각 필수 기술이나 요소 기술들이 퍼즐처럼 맞추어 져서 돌아가게 되는, 원천 기술이 의미가 없어지는 형태로 바뀔 것이다. 따라서 기술 기반의 기업들은 그 중에서 핵심을 담고 있는 기술을 가지고 있는 기업으로 재편이 이루어질 것이다.

멋진 그림으로 완성이 되어 있는 퍼즐에서 하나의 퍼즐 조각이 없다면 아마도 그 퍼즐은 의미가 없거나 활용도가 떨어져서 버리게 될 것이다. 이것의 의미는 퍼즐 조각을 기업 또는 기술로 비유하자면 그 핵심 기술이나 기업은 하나의 퍼즐을 각각 합쳐져서 소위 얘기하는 기술의 영역을 넓히는 방식이 적용된다는 것이다. 이상 디지털 기술의 세가지 특징에 대해서 설명하였다. 따라서 이러한 디지털 기술의 특징을 중심으로 마치 먹이 사슬처럼 알고리즘을 구현하는 인공지능의 생태계가 만들어 지는 것이다.

〈그림 4-6〉은 디지털 기술을 활용하여 인공지능을 만들어 가는 과정들 속에서 다양한 분야의 융합을 설명한 것이다.

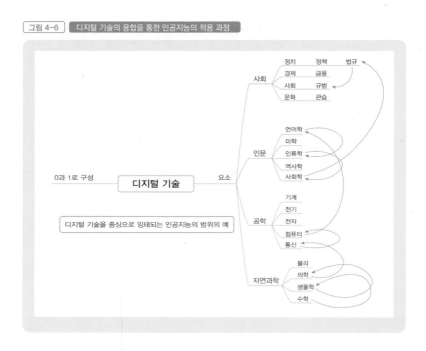

그림 4-6 │ 디지털 기술의 융합을 통한 인공지능의 적용 과정

디지털 기술을 통한 인공지능의 완성은 어느 한가지의 요소로서 완성되는 것이 아니며 전혀 상관이 없을 것 같은 영역과도 깊은 관련이 있는 것이 특징이다. 그래서 이러한 영역을 퍼즐 기술(Puzzle Technology)이라고 하고 요소 기술들을 짜맞추어 나가는 방식이 가장 효율적인 방식일 것이다. 이러한 퍼즐 기술은 앞장에서 설명한 빅데이터 프레임워크와도 개념상 매우 유사한 특징을 가지고 있다.

우리는 빅데이터 랜드스케이프라는 것을 활용한다. 빅데이터와 인공지능에 관련된 엔터프라이즈 기반의 제품과 오픈소스 기반의 제품들을 사용하려는 서비스, 기술별로 프레임워크를 구성해서 만든 일종의 아키텍처 설계도인데 초기에는 몇 가지 밖에 없었지만 지금은 방대한 기술 세트로 구성되어 있다.

다음은 에코 소프트웨어 중심의 빅데이터 랜드스케이프를 나타낸 것이다.

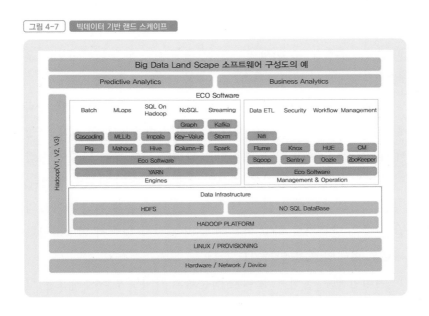

그림 4-7) 빅데이터 기반 랜드 스케이프

빅데이터 랜드스케이프의 영역을 보면 기술 영역별로 정리되어 있어서 이것을 기반으로 빅데이터 플랫폼을 설계하고 세부 실행에 관련된 영역을 접목하여 나간다면 효과적으로 기술을 검토하는 데 도움이 될 것이다.

알고리즘을 통해서 이를 실현해 가는 과정은 소프트웨어적 기술 요소로서 완성이 된다고 할 수 있다.

우리의 문제를 해결하여 주는 알고리즘을 만들기 위해서는 데이터를 수집, 저장, 처리, 가공, 분석하는 영역에서 각 부분이 떨어져 있는 것이 아니라 반드시 유기적인 순환형 구조를 가지고 있어야 한다. 이러한 순환형 구조의 의미는 각 프로세스가 유기적으로 살아 숨쉬는 것처럼 지속적으로 발전하는 것을 의미한다. 저자의 관점에서 융합은 둘 이상의 다양한 핵심 요소를 조합하여 새로운 하나를 창조하는 것이라고 할 수 있다.

융합은 쉽게 설명하면 다음과 같다. 우리는 빵을 만들 때 물과 밀가루라는 가장 기본적인 재료를 섞어서 반죽을 하여 새로운 형태의 재료를 만들어 낸다. 이러한 물과 밀가루를 섞은 반죽에 시간이라는 요소와 불을 넣어서 반죽을 굽게 되면 빵이 탄생하게 된다. 이렇게 만들어진 빵은 짧은 시간에 강한 불로 굽게 되면 바게트와 같은 빵을 만들기도 하고 다른 성분의 재료를 넣어서 말랑말랑한 새로운 형태의 빵을 만들기도 한다.

이러한 빵은 동양 서양 마다 식문화의 차이로 인해서 새로운 형태의 먹거리로 만들어 지는데 오랜 시간 동안 인류의 다양한 요소가 결합이 되어 탄생하게 되는 것이다. 미술, 음악도 위와 같은 다양한 요소가 결합이 되어 탄생하게 되는 것이다. 융합은 다양한 요소의 충돌을 발생시키기도 한다. 더욱이 융합은 문화, 사상 등 다양한 내면의 충돌과 함께 탄생하는 것이라고 볼 수 있다.

융합은 결코 쉽게 만들어 지지 않는다. 마치 MP3라는 음악 재생기기가 탄생하는 것과 비슷하다고 할 수 있다.

오래 전에 LP플레이어가 만들어지고 기술이 발전함에 따라서 카세트 테이프, 그리고 음악 데이터 파일 형태로 들을 수 있게 되고 있다. 이러한 데이터 파일은 다시 클라우드 기술 그리고 통신 기술과 융합이 되어 기존의 전화기 시장과 음원 컨텐츠 시장을 잠식하게 되었다. 다양한 객체가 연결되어 진정한 결합이 이루어져야만 가능하기 때문이다.

그래서 혹자는 지금의 4차 산업혁명 시대를 이끄는 기반 기술 요소 중에서 빅데이터와 인공지능이 기존의 IT사상과 데이터적인 사상이 혼재되어 있는 기술의 혼란이 가중되는 상황이라고 설명하고 있으며, 이를 기술의 아노미 상태(Technology Anomie status)라고 정의한다.

알고리즘을 실현하는 소프트웨어적인 측면에서 보면 인간의 뇌처럼 학습하는 방식을 적용하며 데이터를 기반으로 알고리즘을 만들어 나가면 점점 인간과 가까워지는 방식을 의미한다.

예를 들어서 규칙을 만들거나 논리적인 절차를 만드는 방식은 어떠한 문제를 해결하는 데 있어서 한계가 존재하기 마련이다. 따라서 데이터를 기반으로 하는 학습의 양이 많을수록 학습이론에 따라 더욱 효과적인 알고리즘으로 발전할 수 있을 것이다.

효과적인 알고리즘이라는 것은 소프트웨어 개발자가 많은 프로그래밍 언어를 통하지 않고 빅데이터를 통해서 경험과 학습으로 메커니즘을 발전시켜 나가면서 기존에 만들어 냈던 다양한 알고리즘과 융합하여 기대 이상의 결과를 만들어 내었으면 하는 이상적인 요구에서부터 시작하는 것이 소프트웨어적 알고리즘 사상의 시작일 것이다.

따라서 이러한 과정과 결과를 지속적으로 반복하면 이상적인 알고리즘이 만들어 질 수 있는데 이러한 과정을 설명할 수 있다면 가장 이상적인 인공지능이 만들어질 것 같지만 이렇게 설명 가능한 인공지능은 현재로서는 다양한 방법으로 시도되고 있음에도 불구하고 과정이라는 것이 고정적이지 않고 유동적이어서 그것을 보고 설명해 주기가 매우 어려운 기술 부분이 존재하고 있다.

알고리즘이 인공지능 기술로 발전하기 위해서는 다양한 기술의 융합이 필요한데 인공지능 기술은 대략 다음과 같이 구분 할 수 있다.

첫째, 기계학습(Machine Learning; 머신러닝)은 컴퓨터가 독자적인 사고를 수행하는 것으로 대량의 데이터를 처리하여 이를 통해 학습할 수 있는 알고리즘을 구현함으로써 미리 프로그램 되지 않은 부분에 대해서도 예측과 결정을 내릴 수 있게 하는 방식이다. 이것은 기존의 사례를 통해서 문제를 해결해 나가는 방식이라는 측면에서 매우 효과적이라고 할 수 있다.

이러한 기계학습에는 다음과 같은 세 가지가 있으며 이것을 독자적으로 사용해도 되고 혼용해서 효과적인 알고리즘을 구현할 수도 있다.

(1) 지도학습(Supervised Learning)은 입력에 대한 정답이 있는 것을 전제로 하며 대조하면서 학습하는 방식으로 분류와 추천 알고리즘에 많이 활용하고 있다.

(2) 비지도학습(Unsupervised Learning)은 정답이 없이 입력 값들로만 주어져서 문제를 해결하는 방식이다. 이러한 방식은 패턴의 추적 및 자연어 처

리 등에 많이 활용하고 있다.

(3) 강화학습(Reinforcement Learning)은 입력 값의 실행에 대한 평가만 주어지는 것으로 다양한 경로를 추적하는 데 많이 사용하고 있다.

이상과 같은 세 가지의 기계학습 방식은 K-Nearest, SVM (Support Vector Machine), K-Means, Q-Learning 등 다양한 방식으로 구현이 가능하다.

통상적으로 하나의 효과적인 목표 알고리즘을 만들려면 3개 이상의 알고리즘에 해당하는 모형을 만들고 그에 대한 결과를 측정한 후 가장 근접한 결과를 나타내는 알고리즘을 선택하게 된다.

이러한 기계학습의 사례로는 우리가 인터넷상에서 어떠한 상품을 클릭하여 보았을 경우 다른 포털 사이트에서 여러 가지 기사를 보다 보면 그 상품이 나를 쫓아다니는 경우를 보았을 것이다. 그것은 다양한 사이트에서 해당 정보를 수집하여 구매가 가능하도록 연계하려고 하는 기계학습의 실제 사례에 해당된다.

둘째, 딥러닝(Deep Learning)은 한마디로 스스로 학습하는 것이라고 간단히 정의할 수 있다. 컴퓨터가 인간의 뇌에 있는 신경세포의 연결 방식으로 문제를 해결하는 것과 같이 데이터를 분류할 수 있는 기술로 일종의 기계학습을 말한다. 인간처럼 스스로 경험하고 학습한 것을 순환하면서 발전시켜 나가는 방식이라고 할 수 있다.

정의된 학습 모델에서 입력과 출력 사이에 숨은 계층이 두 개 이상 있는 것이 머신러닝의 한 형태라고 할 수 있다. 통상적으로 다층 또는 심층 신경망(Deep Neural Networks, DNN)등을 의미한다. 뿐만 아니라 신경망 이외에 다른 종류의 숨은 계층을 사용해 딥러닝을 구현하는 알고리즘도 존재한다. 이러한 딥러닝의 개념은 인공 신경망의 개념으로 1940년대부터 연구되기 시작했다.

딥러닝의 기본적인 개념은 상호 연결된 한계 스위치(Threshold switch)를 통해 만든 인공 신경망(ANN; Artificial Neural Network)으로 동물의 두뇌와 신경 시스템(망막 포함)과 같은 방식으로 패턴 인식을 학습할 수 있다는 개념이다. 따라서 딥러닝의 학습은 학습하는 동안 두 뉴런이 모두 동시에 활성화될 때 두 뉴런 사이의 연결을 강화함으로써 이루어진다. 신경망 소프트웨어에서 이는 대체로 오류 역전 파(오차 역전 파, Back propagation)라 부르는 규칙을 사용하여 뉴런의 연결 가중치를 늘리는 것을 의미한다.

이러한 딥러닝을 이용한 사례로는 아래와 같이 유스케 토모토가 인공지능 라이브러리를 활용한 그림이 있다. 이러한 그림을 그리기 위해서 입력 이미지는 1024 X 768 를 i7 CPU와 TitanX GPU를 활용하여 그린 것이다.

그림 4-8　유스케 토모토의 인공지능 라이브러리로 제작된 명화 풍 이미지

출처: https://github.com/yusuketomoto/chainer-fast-neuralstyle

이러한 인공지능에 구현이 되는 색체라는 요소에 지역적 특성
이라는 경험과 학습의 알고리즘을 넣고 한국적인 풍토론을 기반으
로 추가한다면 우리 나라 미술 작품과 같은 패턴을 가진 미술품이
인공지능으로 탄생할 수 있을 것이다. 물론, 예술적인 창작의 범위
가 어떻게 정의가 되고 이에 대한 저작권이 어떻게 되는지는 제외
하더라도 말이다.

〈그림 4-9〉의 인공 신경망의 엘리먼트 셀을 조합하여 각종 인
공 신경망을 설계한다.

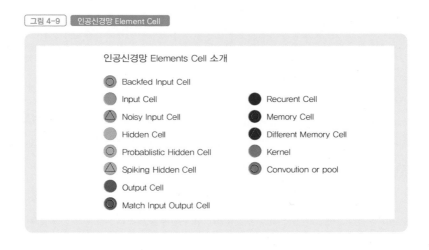

그림 4-9 인공신경망 Element Cell

인공신경망을 구성하는 요소인 엘리먼트셀을 조합하여 인공신
경망 모델을 설계, 활용하면 각종 음성 인식, 챗봇, 자연어 처리 등에
활용 또한 가능하다. 이중 노란색과 빨간색 부분이 각각 입력과 출
력이고 파란색이 은닉층이라고 하는 히든레이어라고 한다. 이러한
히든 레이어가 가중치를 나타낸다. 이와 같이 조합하게 되면 인간

의 뇌에서 생각하는 다양한 방식의 학습을 수행할 수 있는 것이다.

그림 4-10 순환신경망 RNN 의 예

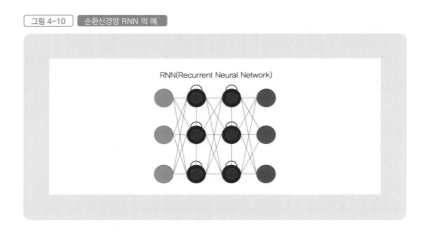

〈그림 4-10〉은 머신러닝의 모델로서 많이 활용되는 신경망에 관한 것으로 이러한 신경망은 최근 딥러닝이 주목 받으면서 더욱 관심을 끌게 만들었다.

순환신경망인 RNN(Recurrent Neural Network)은 인공신경망 (ANN: Artificial Neural Network)의 한 종류로서 각 부분의 연결이 순환적 구조를 가지고 있는 것을 특징으로 하며 음성 인식과 같은 분야에서 효과적으로 활용이 가능하다고 할 수 있다.

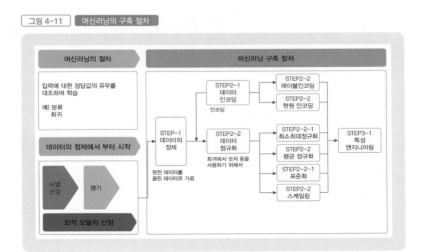

그림 4-11 │ 머신러닝의 구축 절차

머신러닝 구축 관련 절차는 첫 번째로 데이터의 정제로부터 시작한다. 이렇게 전 처리된 데이터는 인코딩과 정규화를 통해서 특성 엔지니어링을 진행한다. 물론, 세부적인 부분으로 결측치, 가중치, 변수 등을 선정하는 작업을 거친다. 순환신경망을 만들 때 사용되는 각종 엘리먼트 셀을 통하여 모델을 설계한 후 위와 같은 절차를 통해서 머신러닝을 구현한다.

우리가 알고 있는 각종 오픈 소스 소프트웨어 내지는 엔터프라이즈 소프트웨어 즉, 구글의 Tensor Flow, Caffe, H20등으로 실제 구현이 가능하다. 효과적인 알고리즘을 통해서 우리가 바라는 인공지능이 구현이 되려면 빅데이터의 확보와 이를 통한 경험과 학습이 내재된 알고리즘이 잘 융합이 되어 하나의 인공지능이 만들어 지는 것이라고 할 수 있다.

　필자는 오랜 기간 동안 데이터웨어하우스에 관심이 가지고 그 분야를 연구하며 데이터의 패턴과 분석이 아주 매력적인 분야임을 느끼고 있었다. 데이터만이 가지고 있는 말로 표현하기 어려운 내면을 보면서 빅데이터만 있다면 못할 것이 없을 것 같다는 상상도 해 보게 되었다.

　4차 산업혁명이 도래하고 그 속에서 기술이 융합되어 기계가 사람의 학습 방법을 흉내내다니 참 놀라운 일이 아닐 수 없었다. 이러한 알고리즘을 통해서 인공지능이 가능하게 된 중심에는 빅데이터를 중심으로 한 기술이 있었다고 해도 과언이 아니다. 그것은 3V로 표현되는 Volume, Velocity, Variety라는 특성을 가진 빅데이터를 처리하기 위해서는 병렬과 분산 처리를 가능하게 하는 프레임 워크인 하둡(Hadoop; High-Availability Distributed Object Oriented Platform)의 출현을 이야기하지 않을 수 없다. 하둡은 지금부터 십 수년 전 더그 커팅(Doug Cutting)에 의해 하둡이라는 병렬, 분산 처리 프레임 워크가 처음으로 등장하였다. 다음은 빅데이터 프레임 워크를 기반으로 하는 하둡의 아키텍처를 설명한 것이다.

그림 4-12   빅데이터 프레임 워크

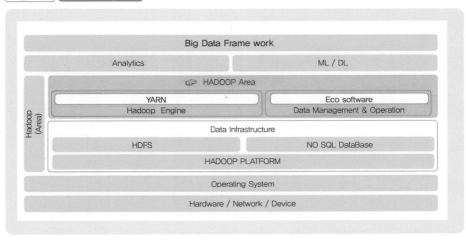

초기 사양은 가격이 저렴한 X.86 시스템을 병렬로 묶어서 이를 분산 처리를 하게 되면 수많은 데이터를 저장하고 효과적으로 처리, 분석할 수 있다는 기본적인 사상에서 출발한 하둡은 지금 효과적인 알고리즘을 처리하기 위한 기반 구조로 계속 발전 하고 있다.

기술은 그저 필요에 의해서 즉석에서 만들어 지는 것이 아니라 오랜 삶의 경험과 학습에 의해서 필연적으로 탄생하는 것으로 이것은 모두 알고리즘을 기반으로 만들어 지고 있다는 사실을 이제는 인지하였을 것이다. 이러한 것을 이해하기 위해서는 다양한 기술 요소로 이루어진 빅데이터 기술 요소를 알아야 할 것이다. 빅데이터는 다양한 기술 요소를 수반하고 있지만 대표적인 처리 절차에 따라 다음과 같이 구성되어 있다.

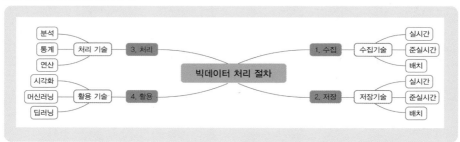

그림 4-13　빅데이터 처리 절차

빅데이터는 다음과 같이 4가지의 큰 부분을 가지고 처리하고 있다. 이는 정보를 다루는 다양한 시스템과는 상당히 유사한 측면을 가지고 있으며 각 단계별로 기능 및 기술 요소에 대해서 알아보도록 하겠다.

① 수집 영역

수집의 영역은 데이터가 발생하는 원천 즉, 데이터가 생성되는 부분을 말한다.

첫째, 데이터의 원천 및 형태에 대한 측면이다. 데이터가 생성되는 원천은 다양한 영역이 있겠지만 일반적인 데이터베이스일 수도 있고 사물 인터넷과 같은 스마트기기에서 만들어지는 센서 데이터가 될 수도 있다. 이렇게 수집되는 데이터는 형태에 따라서 정형 데이터와 이미지, 음성과 같은 비정형 데이터일 수도 있다.

둘째, 기능적인 측면에서 보면 실시간 또는 배치 형태로 수집되는 요소도 있다. 통상적으로 정보 통신 기술이 발전함에 따라서 실시간적인 요소가 증가하고 있다. 하지만 배치 형태로 수집되는 형태도 있다. 데이터의 원천 및 기능적인 측면에서 이를 효과적으로 가능하게 하는 오픈 소스 형태의 소프트웨어가 있다.

표 4-1 빅데이터 수집 기술 영역

구분	기능	관련 기술 및 연관 소프트웨어
데이터의 수집	• 대용량 데이터 수집 • 정형, 비정형 데이터 수집 • 배치, 준실시간, 실시간 수집	• Flume • Sqoop • Chukwa • Kafka • Nifi • Spark • Storm • ETL • API

〈표 4-1〉에서는 기능적인 요소를 수행하기 위한 관련 기술 및 소프트웨어로서 대략 9가지 정도를 소개하였다. 이러한 9가지 중 대표적인 것은 비정형 데이터를 수집할 때 많이 사용하는 Flume 과 정형 데이터를 수집하는 용도로 사용되는 Sqoop이라는 것을 사용한다. 뿐만 아니라 전통적인 데이터 수집 소프트웨어로서는 ETL(Extract Transformation Loader)라는 엔터프라이즈 기반의 소프트웨어도 있다.

실제적으로 빅데이터 프로젝트를 진행할 때 데이터의 수집에 해당 하는 부분이 전체의 사업 비용에서 50% 이상을 차지하는 중요한 부분 중에 하나로서, 실제적인 데이터 기술적인 측면과 아울러 유럽의 GDPR, 국내의 개인 정보 보호 가이드 라인 등 법률적인 측면 또한 검토해야 하는 것도 필수적인 요소 중에 하나이다.

② 저장 영역

대용량의 정형, 비정형 데이터를 효과적으로 처리하는 영역을 저장의 영역이라고 한다. 이러한 저장의 영역은 파일 시스템과 데이터베이스 영역으로 나누어 지며 데이터 베이스는 다시 기술적 요소에 따라 NoSQL(Not Only SQL) 데이터베이스와 관계형 데이터베이스 그리고 병렬(Parallel) 데이터베이스로 구분이 된다.

이러한 데이터베이스는 목적 별, 용도별로 데이터와 활용될 서비스의 영역으로 구분이 되어 각각에 필요한 요소에 적용하여 사용이 된다.

| 표 4-2 | 빅데이터 저장 기술의 영역 |

구분	기능	관련 기술 및 연관 소프트웨어
저장	• 대용량 데이터 저장 • 정형, 비정형 데이터의 수집 • 배치, 준실시간, 실시간 저장	• HDFS • NoSQL(Document, Key-Value, Colume-Family, Graph Database) • RDBMS • MPP DBMS

특히, 과거에는 관계형 데이터베이스가 많이 사용되었지만 빅데이터의 요소를 충족하기 위한 오픈 소스 베이터베이스의 기술이 발전하고 동영상, 음성, 이미지와 같은 비정형 데이터를 쉽고 빠르게 저장하고 검색 및 처리에 중점을 둔 데이터 구조를 가지는 NoSQL 형태의 데이터베이스가 많이 사용되고 있다. NoSQL은 기존의 데이터베이스보다 유연성 있는 데이터 모델이 장점으로 데이터 측면에서의 저장과 검색에 최적화된 구조를 제공한다.

NoSQL 데이터베이스는 기존의 관계형 데이터베이스가 가지던 특성들을 제공하고 그 밖에 다른 특성들을 부가적으로 지원하는 것을 의미하며 Schema가 없는 것이 큰 특징이다. 이는 단순 검색 및 추가적인 기술을 요하는 작업에 있어서 매우 최적화된 키 값 저장 기법을 사용하여 응답 속도나 처리 효율 등에 있어 매우 뛰어난 성능을 발휘한다. 이러한 구조를 지원하기 위해 분산 및 병렬 처리 기술을 이용하게 되었다.

NoSQL은 앞서 말한 4가지의 데이터베이스 형태가 있으며 대표적인 제품으로는 MongoDB, HBase, Cassandra 등이 있다. 하둡 중심의 에코 소프트웨어와 NoSQL은 각각 다른 기술 영역에서 출발하여 발전하였으며 빅데이터 기술 출현으로 에코 소프트웨어 영역으로 통합되었다.

전통적으로 관계형 데이터베이스는 오랫동안 데이터 무결성 및 신뢰 측면에서 많은 분야에서 사용되어 왔다. 하지만 빅데이터를 중심으로 한 비정형 데이터를 처리하기 위한 기술적 한계 요소로 인해 NoSQL이 현재는 많이 활용되고 있다.

시대가 변하고 데이터의 종류가 다양해지고 이에 따른 데이터 양도 기하급수적으로 증가하면서 기존의 데이터베이스가 가지던 특성만으로 데이터를 처리한다는 것이 어렵게 되었다.

특히, 데이터가 관계 중심으로 이루어진 정형 데이터를 다루던 시대에서 인터넷이 보편화되고 소셜 네트워크 서비스가 등장하면서 데이터는 다양화되고 비정형 데이터가 그 중심이 되는 시대로 바뀌게 되었다.

③ 처리 영역

빅데이터 처리 기술적인 측면에서 데이터 처리 영역 또한 매우 중요한 부분 중에 하나일 것이다. 빅데이터를 통해서 각종 음성 인식과 같은 서비스를 구현하거나 인공지능 기술을 활용한 자율 주행 자동차 서비스, 각종 질병의 예측, 교통량의 예측, 전염병의 분석 등을 수행하기 위해서는 빅데이터의 처리 영역이 효율적으로 이루어져야 한다.

효과적인 데이터 처리가 이루어지지 않으면 시스템 차원의 지원이 불가능하고 결과적으로는 원하는 결과를 만들기가 매우 어려울 수 있다. 이 부분은 실시간 처리(Real Time Processing), 준 실시간 처리(Near Real Time Processing), 일괄 처리(Batch Processing)와 관련된다. 이러한 처리가 가능하기 위해서는 인 메모리 처리 관련 기술 과 병렬·분산 처리에 관련된 기술 셋이 완벽하게 구비되어 있어야 하기 때문이다.

통상적으로 실시간 데이터 처리 및 연산을 위해서 가장 많이 사용하는 소프트웨어로서 Spark를 가장 많이 사용하고 전통적인 기술로는 CDC(Change Data Capture)같은 기술을 활용하기도 하지만 비용 및 성능 측면에서 빅데이터 기반의 실시간 연계 솔루션을 사용하면 많은 부분을 효율적으로 구축할 수 있게 된다.

| 표 4-3 | 빅데이터 처리 기술의 영역 |

구분	기능	관련 기술 및 연관 소프트웨어
처리	• 병렬 처리 • 분산 처리 • 다중 노드 구성 • 다차원 데이터 연산	• Storm • Spark • CEP • MapReduce • In-Memory Processing

빅데이터 처리 기술의 영역에서 필요로 하는 기술 요소로는 병렬과 분산 처리 기술 그리고 다중 노드 구성(Multi Node Clustering) 기술 또한 뒷받침이 되어야 가능한 부분이기도 하다. 특히, 연관 기술 요소 중 CEP(Complex Event Processing)를 활용하면 서로 관계가 없는 다양한 이벤트 중에서 특정의 관계를 찾아내는 데 매우 효과적이다.

이러한 CEP 기술을 활용하면 복잡한 패턴 속에서 유의미한 정보를 찾아서 신속한 해결이 가능하므로 금융, 보험 사기(Fraud Detection)등과 같은 부분에서 매우 효율적인 서비스의 구현이 가능하다.

④ 분석 영역

다양한 데이터 형태를 효과적으로 저장, 처리하여 분석한 결과를 통하여 우리는 인공지능 및 분석 예측의 영역으로 한 걸음 더 다가갈 수 있게 되었다. 특히, 기존의 전통적인 통계 분석은 정형화된 데이터 셋의 분석을 바탕으로 하고 있다.

불확실한 상황에서 현명한 의사 결정을 내리기 위한 객관적인 지표로 활용하기 위해서는 비정형 데이터의 활용이 극대화되어야 할 수 있기 때문에 전통적인 분석 기법은 한계가 있었다. 따라서 이를 분석하기 위한 다양한 영역의 최신 기술이 적용된다면 효과적인 분석이 가능할 수 있다. 그중 빅데이터를 이용한 분석을 실행하기 위해서는 빅데이터 기반의 탐색적 데이터 분석이 중요한 부분을 차지하고 있다.

다음은 분석에 대한 기능 및 관련 기술에 관한 표이다.

표 4-4　빅데이터 활용의 영역

구분	기능	관련 기술 및 연관 소프트웨어
활용 (분석)	• 통계적 • 수학적 • 규칙기반 • 데이터 기반 • 탐색적 데이터 분석	• 회귀, 분류 • 데이터 마이닝 • 자연어 처리 • 머신러닝 • 딥러닝

데이터를 기반으로 하는 회귀와 분류를 기반으로 머신러닝 및 딥러닝의 적용이 필요하게 되었고 그에 기반한 데이터 마이닝 기법은 관련된 원천 데이터 셋에서 의미 있는 결과를 만들어 내는 단계라고 할 수 있다.

음성 인식, 이미지 인식 서비스 등 최신 인공지능 알고리즘을 이용하여 추론, 네트워크 분석, 인공 신경망 등에 활용되게 된다. 이러한 마이닝은 다음과 같은 종류가 있다.

첫째, 텍스트 마이닝은 일반적인 자연어로 구성된 텍스트 데이터에서 패턴을 추출하여 의미 있는 정보를 찾아가는 기법을 의미한다. 이러한 텍스트 마이닝은 사회 관계망에서 능동적으로 생성된 데이터의 분석에 활용되므로 자연어 처리 기술을 기반으로 하고 있다.

둘째, 인터넷 상에서 수집된 데이터를 기반으로 패턴 및 의미를 분석하는 기법으로 웹 마이닝이 있다.

셋째, 디지털화된 이미지 데이터에서 패턴을 추출하는 기법으로 AI OCR(인공지능 기반 광학적 문자인식; Artificial Intelligence Optical Character Recognition)등이 있다.

데이터 마이닝 및 통계적 분석은 기존의 상용화된 BI(Business Intelligence) 소프트웨어 및 오픈 소스 기반으로 된 BI 소프트웨어를 활용하여 의미 있는 결과를 만들어 낼 수 있다.

⑤ 시각화 영역

시각화 기술의 영역은 빅데이터 형태로 수집, 저장, 처리되고 분석된 결과의 최종 단계라고 할 수 있다. 데이터 시각화는 다양한 분석을 통해서 이루어진 분석 결과를 최종 이용자에게 효과적으로 전달하는 디자인적인 요소까지 함께 들어 있는 것이라고 할 수 있다.

데이터 분석 결과에 공간의 미학을 함께 넣은 것이며, 이해하기 쉽게 분석 결과 를 전달하는 데 있어서 매우 중요한 부분이라고 할 수 있다. 따라서 데이터의 분석과 활용이 고도화가 될수록 관련된 요소는 더욱 발전하고 있다.

표 4-5 | 빅데이터 시각화 기술의 영역

구분	기능	관련 기술 및 연관 소프트웨어
시각화	• 요약 • 직관 • 비교 • 분석 • 인지 • 대응	• 시간 • 분포 • 관계 • 공간 • 비교

시각화의 영역에는 요약, 직관, 비교, 분석, 인지, 대응이라는 다양한 요구 사항을 수행할 수 있도록 그에 대한 시간에 해당 시계열, 분포, 관계, 공간, 비교라는 측면에서 관련 요소를 효과적으로 나타낼 수 있어야 한다.

시각화를 이루기 위해서는 오픈 소스 기반의 다양한 그래픽 차트들이 존재하며 새로운 것을 개발하기 보다는 이미 만들어진 다양한 영역의 그래픽 소프트웨어를 사용하는 것이 더욱 효과적이기도 하지만 사용자 인터페이스 측면의 UI/UX 적인 디자인 요소도 함께 융합이 되어야 한다.

⑥ 관리 영역

빅데이터 시스템은 병렬/분산 처리 프레임 워크로 이루어져 있는 기반 구조 시스템으로 그에 포함된 네트워크, 시스템, 소프트웨어, 데이터를 관리하는 영역을 시스템 관리 기술의 영역이라고 한다.

이 영역은 데이터뿐만 아니라 그에 대한 처리의 로직 그리고 모니터링, 인프라 시스템의 관리까지 모든 영역이 포함된 기반 구조를 포괄적인 영역이라고 정의할 수 있다. 이와 같은 기능들을 가능하게 해주는 기술로서 대표적인 것이 아파치 오픈 소스 기반의 하둡 시스템 관리 소프트웨어인 암바리(Ambari)가 대표적이라고 할 수 있으며 그 외에도 Oozie등이 있다.

표 4-6 빅데이터 관리 기술의 영역

구분	기능	관련 기술 및 연관 소프트웨어
관리	• 데이터 흐름 • Job 흐름 • 로직 • 모니터링 • 관제 • 도구 제공 • 인프라 관리	• MCS • Ambari • Zookeeper • Oozie

지금까지 언급한 수집, 저장, 처리, 분석 단계를 각각 실행하기 위해서는 시스템적 실행 기반 구조가 있어야 한다. 시스템적 실행

기반 구조란 각 기능을 실행하기 위한 강력한 컴퓨터 성능이 뒷받침이 되어야 실행이 가능하다. 따라서 이를 실행 할 수 있는 성능 중심의 효율적인 시스템 설계가 되어 있어야 한다.

4.4 인공지능 기술의 실제

알고리즘을 통해서 완성되는 인공지능 기술에는 어떤 것이 있는가를 기술적인 측면에 대해서 알아보겠다. 인공지능의 실제라기보다는 알고리즘 구현 사례라고 말하는 것이 맞는 접근 방법인 것 같다.

인공신경망은 xn이라는 입력과 y0라는 출력이 층(Layer)으로 존재하고 은닉(Hiden)층은 가중치(weight)로 구성이 된다는 것은 이미 앞장에서 설명을 하였다. 인공지능은 항시 확률로서 결과를 만들어 낸다. 100점짜리 고양이, 95점짜리 진달래꽃, 20점짜리 자동차 등 확률로서 결과를 만들어 낸다.

〈그림 4-14〉는 인공 신경망의 처리 구조를 설명한 것이다.

또한, 은닉층이라고 하는 가중치의 층(Layer)이 여러 개 존재한다면 다층 신경망 또는 심층 신경망이라고 한다. 하지만 정교한 결과를 만들기 위해서 층(Layer)를 많이 만든다면 오히려 결과가 왜곡되기도 한다. 따라서 딥러닝, 머신러닝 등 다양한 인공지능 기법과 함께 수학적, 통계학적 모델과 융합하여 설계한다면 원하는 결과 값을 만들어 나가는 데 용이할 것이다.

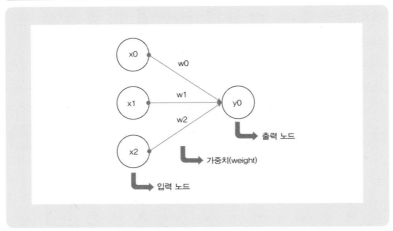

〈그림 4-14〉는 시각 처리의 알고리즘을 구현하기 위해서 마인드 맵을 활용하여 설명하였다.

우리의 눈은 시각적인 데이터를 처리하기에 매우 용이한 구조를 가지고 있다. 이러한 시각적인 데이터는 비정형 데이터를 기반으로 하는 이미지 또는 동영상과 같은 데이터의 형태를 띠고 있다.

피사체를 인식하기 위해서 우리의 눈은 피사체를 인식하는 생물학적인 카메라라고 할 수 있으며 주위의 모든 모습은 눈 뒤쪽에 있는 망막에 맺히고 망막 세포는 망막에 맺히는 모습을 전기적 신호로 바꾸어 신경조직을 통하여 처리를 담당하는 뇌로 전달하게 된다.

이러한 복잡한 과정을 거치며 처리하는 과정에서 인체의 많은 에너지가 소모된다는 것은 모두 알고 있는 사실이다. 뇌의 복잡한 처리 과정을 통해 일종의 이미지 데이터로 저장되며 이러한 이미지 데이터는 지금까지 기억된 각종 정보와 기억 그리고 경험, 학습을 통해서 의미와 구조를 파악하게 된다.

〈그림 4-14〉에서 인공 신경망의 처리 구조를 보면 x와 w 벡터 내적을 나타내며 심층 신경망에서 대부분의 연산은 벡터 내적에 관한 것이라고 할 수 있다. 입력 값에 대해 적절한 출력 값을 내도록 w가중치의 값들을 조정하는 것이 신경망의 학습이라고 할 수 있다.

그림 4-15 시각 처리의 알고리즘 생성 과정

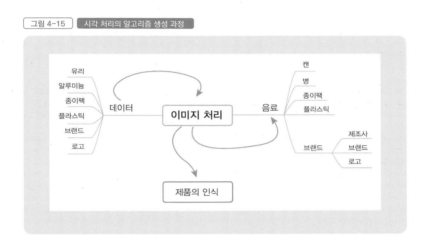

〈그림 4-15〉는 이미지 처리 과정을 설명한 것으로 하나의 음료수를 구입하기까지의 경험과 학습 차원에서 과정을 설명한 것이다.

우리는 음료를 구입할 때 필요에 따라서 재질, 제조사, 브랜드 등과 함께 과거의 경험했던 맛을 기반으로 구입을 한다.

음료에 대한 다양한 정보가 데이터로 추출이 되고 기존의 경험을 기반으로 구입을 하게 된다. 컴퓨터가 어떤 회사의 음료인지를 찾게 해주는 알고리즘을 만든다고 한다면 카메라로 사진을 찍어야 할 것이다. 이렇게 생성된 사진 데이터를 통해서 레이블링 작업을 진행하게 된다.

재질, 브랜드, 로고 등의 레이블링을 통해서 이미지를 처리하고 그러한 데이터를 학습하면 최종적으로 몇 점짜리 음료인지를 알게 되는 것이다. 만약에 90점 이상의 음료가 인지된다면 아마도 특정한 브랜드의 음료라는 것을 확실하게 알 것이며 사진의 정확도 및 그를 인지할 수 있는 데이터가 부족하다면 학습을 통해서 정확도를 높이게 되는 것이다.

컴퓨터가 아닌 인간의 정보 처리 알고리즘을 이미지 데이터와 함께 미각, 청각, 후각 같은 다양한 경험을 통해서 눈을 보지 않아도 이것이 미각과 후각으로서 어떤 것이라는 것을 알게 되는 것으로 인공지능 기술이 고도화 되면 더욱 정교한 분석을 통해서 결과를 만들어 나갈 수 있을 것이다.

다음은 단계별로 보는 이미지 또는 동영상 데이터를 기반으로 시각 처리 알고리즘을 이용한 얼굴 인식 원리를 설명한 것이다. 이미지 데이터를 기반으로 다양한 얼굴을 인식을 하는 경우 활용적인 측면에서 매우 광범위하게 사용이 될 수 있다. 예를 들어 폐쇄 회로 TV에서 특정인 또는 특이한 행동을 찾아내는 서비스 또는 사회 관계망에서 게시되는 다양한 사진 등을 통하여 연관 인물을 찾는 서비스 등에도 활용이 가능하다.

다음은 이미지 데이터에서 얼굴을 인식하는 과정을 설명한 것이다.

① 이미지 데이터 중 인물 사진을 수집한다.

② 이미지 중 특정 인물 부분을 추출하는 API(Application Programing Interface)를 사용하거나 이미지 레이블링을 한다.

③ 인물의 특징을 중심으로 윤곽선을 검출하거나 학습에 필요한 데이터 전처리를 한다.

④ 이미지 인식에 필요한 CNN(Convolutional Neural Network)과 같은 알고리즘을 설계한다.

⑤ 이미지 인식 알고리즘에 해당 데이터를 학습시킨다.

⑥ 학습 결과에 따른 평가 및 테스트를 진행한다.

⑦ 최종적으로 이미지로부터 얼굴을 인식하는 결과를 수행하게 된다.

이와 같은 몇 개의 단계를 통해서 얼굴을 인식하는 서비스를 구현하는 과정을 설명하였다. 이미지 처리에는 CNN과 같은 알고리즘을 통하면 연산의 성능을 높여서 적은 성능의 시스템으로도 구현이 가능하기 때문에 많이 사용되고 있다.

다음은 인공지능 기술 중 음성 인식에 대한 것이다. 최근 스마트폰을 중심으로 한 다양한 음성 인식 기능을 통하여 많은 서비스가 제공되고 있으며 음성 처리 기술은 자연어 처리, 말뭉치(Corpus) 구축과 같은 요소를 통해 다양한 분야에서 활용이 되고 있다.

음성 인식에서 가장 중요한 자연어 처리는 인공지능의 주요 분야 중 하나로, 1950년대부터 기계 번역과 같은 자연어 처리 기술이 출현하면서부터 시작되었다. 1990년대 이후에는 대량의 말뭉치 데이터를 활용하는 기계 학습 기반 및 통계적 자연어 처리 기법이 주류가 되었으며, 최근에는 딥러닝 기술이 기계 번역과 자연어 생성 등에 적용되고 있다. 이것은 정보 검색, 기계 번역, 챗봇 등 다

양한 분야에 응용된다. 최근 우리 나라에서는 18억개의 말뭉치를
10년간의 각종 텍스트 데이터를 기반으로 만들어 공개하였다. 이
것을 통하여 컴퓨터가 이해할 수 있는 음성 인식의 영역이 인간과
더욱 가까워 지고 있다.

〈그림 4-16〉은 음성 인식 스피커의 음성 인식 단계를 설명한
것이다.

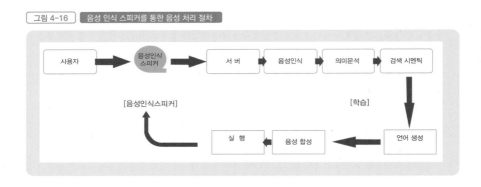

그림 4-16 음성 인식 스피커를 통한 음성 처리 절차

음성 인식 알고리즘에 사용되는 인공 신경망은 순환 신경망을
가장 많이 사용하고 있다. 우리나라 음성 인식의 경우 한국전자통
신연구소(ETRI)의 음성 인식 엔진을 많이 활용하고 있다. 음성 인
식에 사용되는 알고리즘은 순환 신경망(Recurrent Neural Network)
으로 음성 인식, 언어 번역, 자연어 처리 등 시계열 데이터 분야에
적용하는 알고리즘이라고 할 수 있다. 이러한 순환 신경망은 다음
과 같은 특징이 있다.

(1) 고정 길이의 입력이 아닌 임의의 길이를 가진 시퀀스(sequence)에 적용 가능하며,

(2) 문장, 문서 또는 각종 데이터를 입력으로 받아서 자동 번역, 스피치 투 텍스트(STT) 또는 감성 분석에 활용할 수 있다.

(3) 주식 분야에서 매매 동향 및 주가와 같은 시계열 데이터를 분석 후 타이밍을 알린다.

(4) 자율주행차량에서 이동 경로를 예측하여 사고 방지 및 최상의 경로를 제공하는 경우에도 사용된다.

이러한 RNN(Recurrent Neural Network)의 Recurrent는 '반복적인' 신경망의 특정 구조를 가지고 있다는 것을 의미한다. 은닉층의 상태를 저장하기 위해 출력이 귀환되는 구조로 되어 있으며 타임 스텝에 걸쳐서 특정 상태를 보존하는 신경망의 구성 요소를 메모리 셀이라고 한다.

은닉층인 셀에서 순환이 이루어지고 셀의 상태가 시간에 따라 변하는 형태를 은닉 상태라고 한다. 기존 신경망과는 다른 구조이며, 은닉층에서 자기 자신에게 다시 돌아가는 가중치인 'Recurrent Weight'가 추가된다.

음향, 음성 처리, 음성 검출, 필터 링, 음소 추출, 은닉 마르코프 모델 (HMM) 그리고 자연어 처리에 대한 형태소 분석, 구문 트리, 기계 번역, 키워드 추출, 긍정과 부정, 사전의 정의 등 다양한 기술 요소로 인공지능 기반의 음성 인식 서비스가 만들어지는 것이다.

4.5 › 메타버스 기술과 알고리즘

기술이 발전하면서 인간의 활동 영역은 물리적으로 존재하는 현실의 세계에서 논리적으로 존재하는 가상의 세계로 빠르게 영역을 넓혀 가고 있다.

논리적인 세계의 그 끝이 어디인지는 아직까지 예측할 수는 없지만 수만년 전 석기시대에는 주로 동굴에서 생활을 하였고 시간이 흘러가면서 함께 생활했던 무리들은 조금씩 더 큰 부족 단위로 점차 확대가 되었다. 이후 기술을 중심으로 한 문명이 고도로 발전하면서 현실 세계에서 가상의 세계로 인간의 무대가 확장이 되고 있다.

가상의 세계는 인터넷이라는 매개체를 중심으로 해서 가상현실(VR; Virtual Reality), 증강현실(AR; Argument Reality), 혼합현실(MR; Mixed Reality)로 새로운 세상으로 인간의 활용이 비약적으로 확대되고 있다.

4.6 › 알고리즘의 미래

인간은 그 누구도 미래를 알 수 없다. 다만 과거와 현재를 기반으로 경험했던 것을 통하여 다만 추측해 보는 것이 전부인 것이다.

이 책의 서두에서 사람이 살아가는 것은 끊임없는 선택의 과정이라고 하였고 알고리즘은 지금까지 과거와 현재에 경험하고 학습했던 것을 기반으로 하여 보다 올바른 선택을 가능하게 해주는 것이라고 하였다.

알고리즘의 미래라는 다소 추상적인 주제를 중심으로 공상 과학 소설과 같은 얘기를 하려고 한다. 물론, 이것을 해석하고 이해하는 영역은 다만 독자 여러분의 몫이라고 할 수 있다.

인간의 학습 방법을 흉내 내는 인공지능 기술을 통하여 인간이 만들어 놓은 소프트웨어적 하드웨어적 기술과 함께 규범, 법규, 윤리, 사상 등 다양한 인문적 요소가 포함되어 있는 산물이다. 하지만 미래에는 인간의 학습 방법을 모방하는 것이 아니라 그의 주체가 인간 중심에서 기계 중심으로 중심선이 이동하는 것을 의미한다.

꽃이라는 것은 식물에게는 사실 성적인 도구라는 사실처럼 인간의 눈에 보여 지는 꽃의 모습은 다양한 색채와 아름다운 모양, 냄새로 무장이 된 자연계의 한 객체라는 것을 인간의 시각 요소인 눈이라는 신체의 일부로서 느끼게 된다. 사실 아름다운 모양과 색채, 냄새는 나비와 벌과 같은 곤충을 끌어들이기 위한 겉모습인 것이다. 알고리즘은 겉모습을 보면 꽃과 유사해 보인다. 하지만 그 이면에는 생존과 번식이라는 중요한 역할을 수행하고 있다. 알고리즘은 겉으로 보면 경험하고 학습했던 다양한 행위가 내재화된 삶 그 자체이다. 하지만 이면에는 길들여지고 학습되어지는 피동적인 요소 또한 함께 들어 있다. 그러한 알고리즘이 인공지능이라는 기술로서 탄생되고 진보되는 순간 인간의 지능을 넘어서는 특이점 이후와 나쁜 알고리즘을 통한 폐해를 우리는 지금부터 준비해야 하지 않을까 생각한다.

미래에는 인간들 속에서 알고리즘이라는 것이 공유되고 상품화가 될 것이다. 상품화된 알고리즘을 인위적이든 자연적이든 우리의 생물학적인 뇌 속에 이식을 하는 때가 올 수도 있을 것이다.

앞으로 인공지능이 고도로 발달될 200년 후로 여행을 떠나 보자. 200년이라는 시간은 인류의 역사로 볼 때 그리 긴 시간은 아니다. 그래서 인간에 대한 생물학적인 변화는 크게 없을 것이다. 하지만 우리의 생활에서는 많은 변화가 있을 것이다. 우리가 사용하는 휴대폰과 같은 디지털 기기가 작은 칩이 되어 우리의 체내로 이식해 우리는 디지털 기기를 찾을 필요도 없이 편리하게 사용할 수 있을 것이라고 전망이 된다. 물론, 이러한 기술은 지금도 연구 개발을 통해 계속해서 발전하고 있는 기술이다.

예를 들어 200년 후 서울에 사는 A는 20대 대학생이 있다고 가정해 보자. 그는 장래에 인간의 지능 상품을 개발하는 회사에 입사하기 위해서 대학에서 지능 창조 학과에 다니고 있다. 그의 부모는 초등학교 교사이다. 지금 교사의 역할은 다양한 알고리즘을 이식했을 때 효과적으로 사용하는 방법을 알려 주는 역할을 하기 때문에 이전 21세기의 교사와는 다소 차이가 있는 직업이라고 할 수 있다. A의 부모는 아이가 장래에 무슨 일 했으면 좋을까 하고 고민한 결과 지능 창조 학과에 입학하는 것이 좋겠다고 결론을 내렸다. 지능 창조 학과는 알고리즘을 인간의 뇌 속에 심는 것을 공부하는 학과이다. 과거에 운전을 하기 위해서는 자동차 운전 면허 학원을 다니며 자동차 운전을 배우고 미용 기술을 배우기 위해서 미용 학원에 다녔던 것처럼 이러한 기술에 관한 모든 규칙 및 경험을 알고리즘으로 만드는 학과이다. 따라서 지금까지 인류가 만들어 놓은 엄청난 양의 빅데이터를 통해서 필요로 하는 알고리즘을 만들어 생체에 이식하는 것을 배우는 학문이라고 정의할 수 있다.

이미 알고리즘 거래소에서는 인류가 만들어 놓은 수학, 통계학,

물리학 등의 학문이 알고리즘화 되어 상품화 되고 거래가 되고 있다. 이러한 알고리즘이 상용화되자 인간의 뇌 속에 이식할 수 있는 기술이 보편화 되었다.

좋은 알고리즘은 가격이 매우 비싸서 일반인들보다 부유한 사람들이 구매해서 더 많은 알고리즘을 그의 생체 속에 이식하고 있다. 따라서 부유한 사람들은 그의 능력을 높이기 위해서 상품처럼 진열된 다양한 알고리즘 상품들을 선정해서 구입만 하면 되니 따로 공부를 하지 않아도 그들은 다양한 분야에서 사회의 핵심적인 역할을 하며 그들만의 영역을 따로 구축하고 있는 것이다.

A는 가끔 화성으로 친구들과 놀러 가기도 한다. 한 200년 전에 화성에 가기 위해서는 지구와는 다른 환경적 특성이 있기 때문에 NASA와 같은 곳에서 훈련을 받아야 했다. 하지만 A는 우주여행을 좋아하는 것을 그의 부모는 알았기에 어렸을 때 이미 우주여행에 필요한 다양한 알고리즘을 구입해서 A의 뇌에 이식해 놓았기 때문에 아무 걱정이 없었다. 그가 듣는 수업은 인간의 뇌 속에 존재해 있는 알고리즘을 수집하는 것과 인간이 인위적으로 만든 알고리즘을 뇌에 입력하고 잘 동작이 되는지 작동 방법을 만드는 일이다. 이 분야는 알고리즘으로 알고리즘을 만드는 분야로서 무척 빠르게 발전하고 있고 전망도 매우 좋은 직업이라서 인기도 많은 직종 중의 하나이다. 하지만 모든 알고리즘을 인간의 뇌 속에 이식하는 것은 법으로 금지가 되어 있으며 그 법을 어겼을 경우 매우 무거운 처벌을 받고 있다.

지능 창조학의 세부 전공은 문화 지능, 생물 지능, 뇌 지능, 의학 지능 창조 학과 등 다양한 학과로 구성이 되어 있다. A씨는 앞으로 대학을 졸업하고 난 이후 대학원에서 언어 지능을 전공해서 인간의 언어를 자유자재로 구사할 수 있는 알고리즘에 대해서 공부할 것이라고 했다.

　　지금까지 알고리즘의 미래라는 주제로 간단한 상상을 해 보았다. 미래를 예견할 수 없지만 수 십년 내에 이와 같은 공상과학소설 속의 상상이 현실로 다가올 것이라는 것을 확신한다.

PART

05

인간의
중심에서

05 데이터와 알고리즘

　인간은 통상적으로 1.4 내지 1.5kg의 뇌를 통해서 정신적인 부분을 포함하여 신체의 곳곳에서 끊임없이 경험을 통한 학습 능력을 고도화하여 욕구를 실현하는 속성을 가진 존재이다.

　인간이 필요로 하는 욕구를 채워주는 것이 기술이고 기술은 끊임없이 발전하는 지속적인 속성을 가지고 있다. 지금 이 순간에도 인간은 계속 도구를 만들며 그 도구는 새로운 도구로 끊임없이 발전한다. 그 새로운 도구는 다른 하나의 도구와 결합하여 또 다른 전혀 새로운 도구를 만들어 나가고 있다.

　수백만 년 전 인류가 급격한 환경 변화로 인한 새로운 환경에 적응하면서 직립보행을 하게 되고 불의 발견으로 화식을 하게 된 그 이래로 많은 시간과 함께 도구를 활용하는 기술이 발전하면서 이러한 도구가 인간과 같이 생각하고 어려운 부분을 도와 주고 우리의 욕구를 실현해 주는 새로운 형태의 기술이 출현하게 되었다. 그 기술은 우리가 종래에 보지 못한 새로운 논리적 기술인 눈에 보이지는 않는 데이터와 인공지능을 통해서 가능하게 되었다.

　빅데이터와 인공지능 기술은 인간과 기계가 끊임없이 만들어내는 데이터라는 영양분을 통해서 발전하는 것이라고 할 수 있다. 마치 인간이 곡물을 먹으며 생명을 영위하는 것처럼 말이다.

데이터는 사실에 기반한 경험과 근거라는 논리적인 요소에 의해 만들어진 것이라고 정의 할 수 있다. 이러한 데이터는 인공지능과 같은 알고리즘적인 논리적 측면에 의해서 객체화되고 있다. 스스로 끊임없이 변화하고 발전하여 더욱 진보한 지능을 만들어 나가는 데이터와 알고리즘이라는 두 가지 요소에 의해서 성숙되는 것이라고 할 수 있다.

예를 들어 사람이 어떤 목적지를 찾아가고자 할 때 다양한 경로를 통해서 최적의 경로를 경유하여 목적지를 찾아가게 된다. 그 경로가 낯설기도 하고 때로는 목적지와 다른 방향을 통해서 원하지 않는 방향으로 가기도 하면서 시행착오를 거치기도 한다. 그러한 시행착오는 경험이라는 요소로 누적되어 우리가 원하는 목적지에 도달하게 된다. 결론적으로 원하는 목적지를 몇 번이고 반복적으로 시도를 하면서 경험으로 발전하여 이후에는 아주 쉽게 원하는 목적지를 갈 수 있는 것처럼 알고리즘은 우리가 당면한 여러 문제점을 쉽고 편리하게 해결해 나간다.

반복적인 실수를 경험이라는 결과물로 만들고 이를 다시 학습 또는 훈련이라는 과정을 반복하면서 말이다. 이러한 경험이라는 반복적인 학습 과정을 통해서 끊임없이 발전하는 기술이 인공지능의 핵심이라고 정의할 수 있다.

"고객의 마음을 읽는다"라는 명제는 마케팅을 하는 사람들에게는 늘 고민하는 부분 중 하나일 것이다.

마케팅은 고객의 마음을 읽고 고객이 필요로 하는 기능을 기획하여 제품에 녹여 넣어 고객이 만족하는 제품을 만드는 것을 포함한 일련의 과정이라고도 할 수 있다. 제품 및 서비스의 라이프 사이클이 짧아지고 있는 지금, 이러한 과정은 기업 활동에 있어서 더욱 중요해지고 있으며 마케팅적인 사고의 중심에는 고객과 기업 및 제품을 연결해 주는 전반적인 활동이라고 다시 재정의할 수 있다.

필자는 위에서 정의한 마케팅의 정의를 생각할 때 늘 초현실주의 화가 르네 마그리트(르네 프랑수아 길랭 마그리트(René François Ghislain Magritte), René Magritte)를 떠올린다.

르네 마그리트는 1898년 벨기에 남부 지역의 공업 도시인 에노 레신에서 태어났다.

르네 마그리트의 1955년 작품인 신뢰에서 한 중년 신사의 머리 위에 달의 모습이 연상된다. 이 그림에서 중년 신사는 다양한 각도에 서 있고 그의 머리 위에는 같은 모양의 달이 떠있다. 르네는 달의 모습을 날마다 바뀌는 신사의 모습인 인간으로 표현했고 반면에 어떤 모습에서도 달의 모습은 변하지 않는 것으로 표현하였다.

어떻게 보면 역설적으로 보이기도 하고 철학적으로 보일 법한 이 그림이 수많은 마케터들이 소망하는 것을 담고 있는 것은 아닐까 하고 생각해 보았다. 우리의 머리 위에 떠있는 달은 우주에 유일한 하나밖에 없는 모습을 가지고 있다. 하지만 그 달을 바라보는 인간들은 저마다의 위치에서 달을 보고 생각하고 자기만의 달의 모습을 상상하고 그린다.

달은 바라보는 위치 및 시기에 따라서 동그란 모양의 보름달일 수도 있고 반쪽의 모습을 담은 반달의 모습일 수도 있다. 어린 아이가 바라보는 달의 모습은 토끼가 절구질을 하는 상상 속의 그림책 속의 모습일 수도 있으며 과학자가 바라보는 달은 우주를 연상하며 달 속에 숨겨진 광물을 떠올릴 수도 있을 것이다. 우리가 바라보는 달은 하나인데 바라보는 위치와 시기, 그리고 나이, 생각에 따라서 달의 모습 속에 담겨 있는 의미는 각각 다른 모습을 하고 있을 것이다.

저자의 마음속에 달은 아버지의 체온이 따뜻하게 느껴지는 등에 업혀 시골 논두렁 사이를 걸어가고 있는 포근한 모습을 하고 있는 달의 느낌을 가지고 있다. 뿐만 아니라 시각적으로는 언제나 동그란 보름달의 모습을 가지고 있다.

수많은 마케터들이 알고 싶어하는 고객의 생각은 고객마다의 생각 속의 르네의 달과 다르지 않다라는 생각을 해본다.

즉, 고객이 원하고 갖고 싶어하는 제품을 만들고 이를 효과적으로 홍보하는 본연의 마케팅 활동에서 보면 어떤 것을 원하고 필요로 하는지를 알아내는 것은 힘든 과정의 연속이다. 기업이 하나의 제품을 만들고 시장에 내놓기 위해서는 많은 생각과 비용 그리고 과정이 필요하다.

이러한 일련의 과정은 제품이나 서비스를 만드는 기업이라면 늘 필요한 요소일 것이다. 기획에서 시작하여 대량으로 제품이 생산되는 과정을 거쳐서 탄생한 제품을 시장에 내놓고 고객의 반응을 살피고 어떻게 효과적으로 제품을 판매할 것인가에 많은 노력과 비용을 들이고 있는데도 불구하고 고객의 반응은 저마다 다르고 요구하는 사항도 다르다는 것을 느낄 수 있을 것이다.

르네 마그리트의 그림에서 보여지는 달을 하나의 상품으로 비유한다면 저마다 고객이 바라보는 제품은 똑같은 제품이라고 할지라도 저마다 다르게 느껴지는 것이 상품을 대하는 고객의 마음과 다르지 않다는 것 또한 알 수 있다.

이러한 마케팅의 필요 요건에서 우리는 빅데이터와 인공지능을 이용하여 고객의 마음을 읽고 마케팅 중심적인 시스템을 구축하여 활용하고 싶어할 수밖에 없다.

우리는 마케팅을 할 때 우선적으로 떠올리는 것이 고객 관계 관리(CRM: Customer RelationShip Management)를 떠올린다. 우리가 알고 있는 고객 관계 관리는 기업이 고객을 대상으로 특정한 기법 또는 방법론을 적용하여 로열티 있는 고객으로 만드는 일련의 과정을 의미하는 것을 알 수 있다.

여기서 관계 관리(Relationship)의 의미는 고객을 자신이 속한 기업에서 확보한 고객의 데이터 및 경험을 활용하여 축적하고 이를 활용하고 분석하여 일회성 고객이 아닌 장기적인 이익을 창출할 수 있도록 고객과의 관계를 강화하는 일련의 행위들을 의미한다.

전통적인 고객 관계 관리에서는 그 중심이 데이터 웨어하우스에 있었다. 데이터 웨어하우스는 지금까지 고객으로부터 생성된 다양한 과거 중심의 데이터를 축적, 활용하는 것에 초점이 맞추어져 있었다면 미래의 고객 관계 관리는 빅데이터와 인공지능 기술을 활용하여 선제적으로 적용하여 능동적으로 로열티 있는 고객으로 만드는 것을 의미한다고 할 수 있다.

〈그림 5-1〉는 전통적인 고객을 관리하는 방식과 인공지능 기

술을 활용하여 고객을 관리하는 방식에 대한 기술적 관점에서 필요 항목을 정의한 것이다.

첫째 전통적인 고객 관계 관리 방식을 보면 각 항목에 나열된 기술은 주로 과거의 고객 데이터를 처리하고 분석하기 위한 기술 세트로 구성 되어 있다는 것을 알 수 있다. 과거의 데이터는 기존의 고객을 중심으로 한 매출, 상품, 시장, 거래 등을 기반으로 하는 데이터가 중심을 이루고 있으며 이러한 데이터 사이에서의 관계성을 분석하고 강화하는 것이 중심이다.

이러한 전통적인 데이터 처리 방식에 활용되는 기술적인 IT기술을 활용한 데이터 웨어하우스를 중심으로 하고 있다. 물론 수집, 저장, 처리, 분석이라는 과정은 현재와 크게 다를 바는 없지만 빅데이터 기반의 인공지능 중심의 고객 관계 관리에서는 수집된 다양한 원천 데이터셋을 중심으로 실시간적인 속성을 가진 방대한 데이터를 기반으로 이를 효과적으로 수집, 저장, 처리, 분석하여 선제적인 고객 분석을 통하여 새로운 가치를 창출하는 것이라고 할 수 있다.

그림 5-1 전통적인 고객 관계 관리 시스템의 기술적 요소

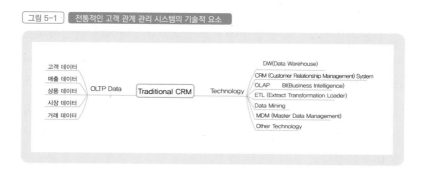

21세기의 원유라고 할 수 있는 다양한 빅데이터의 확보가 새로운 고객을 발굴하고 이에 대한 효과적인 대응을 통해서 고객을 발굴하여 시장에서 점유력을 발휘할 수 있도록 하는 것이 기술적 관점에서 나열되어 있다는 것을 느낄 수 있을 것이다.

본서에서는 Hadoop(High Availability distributed object oriented platform)이나 오픈소스 소프트웨어 NoSQL(Not only Structued Query Language)과 같은 기술적 요소를 이해할 필요는 없다. 우리는 이러한 기술에 대한 대략적인 개념과 쓰임새 정도만 이해 한다고 해도 많은 도움이 될 것이므로 기술적 흐름을 파악하고 이해하는 데 많은 도움이 될 것이다.

그림 5-2 ┃ 빅데이터 기반의 인공지능 고객관계관리 시스템의 기술적 요소

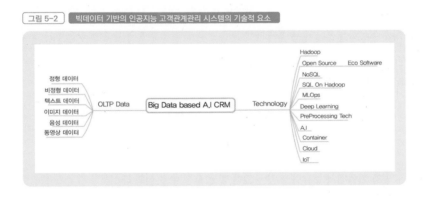

마케터들이 고민하는 고객의 속성을 이해하고 그들이 원하는 상품과 서비스를 만들어 시장에 출시한다면 고객마다 바라보는 보편적인 만족이 증대되어 시장에서의 점유력을 확대해 나갈 수 있을 것이다.

앞서 언급했듯이 저마다 바라보는 달의 모습은 똑같지만 마음

속에 생각하는 그들만의 달을 알아내는 것이 마케터들이 하는 업무가 아닐까 생각한다. 고객을 이해한다는 것은 인간의 마음을 읽는다는 것과 동일시 하기도 하며 이러한 인간의 마음을 읽는다는 것은 무척이나 어려운 일이다. 물론 영원히 알기가 어려울 수도 있으며 기술을 활용하여 마음을 읽는다는 것은 더더욱 어려울 수 있다. 어쩌면 이 부분은 신의 영역일 수도 있다.

하지만 빅데이터와 인공지능 기술을 통해서 인간의 마음의 읽는 방법에는 어떤 것이 있을까? 고민하지 않을 수 없다.

이러한 부분을 인간과 기계가 만들어 내는 수많은 데이터와 인공지능 기술을 이용한다면 어떤 것을 지향하고 선호하는지는 어느 정도는 알아낼 수 있을 것이다. 마케팅 측면에서 기업들이 고객의 마음을 읽기 위한 시도는 앞서 정의한 예측이라는 토대 위에 지속적으로 이루어 지고 있다.

예측이라는 측면에서 데이터를 활용 측면에서 몇 가지 나열을 하였다.

(1) SNS를 중심으로 한 소셜네트워크 및 블로그등의 텍스트 기반 데이터
(2) 뉴스 및 각종 방송 매체에서 발생되는 기사 중심의 데이터
(3) 기업에서 보유하고 있는 고객 및 상품 정보 중심의 데이터
(4) 디지털기기에서 발생하는 각종 데이터 및 비정형 데이터
(5) 각종 통계 중심의 공공 빅데이터 및 원천 데이터 셋등 다양한 정형/비정형 데이터

위에서 나열한 원천 데이터를 수집, 저장하여 체계적인 형태로 용도에 맞는 데이터베이스에 적재 해서 다양한 서비스와 상품 측

면, 고객 측면으로 분석을 실행하면 마케터들이 로열티가 있는 고객을 발굴할 수 있을 것이다. 이러한 원천 데이터는 인공지능을 통해서 더욱 성숙하게 만들 수 있을 것이다.

원천 데이터는 학습이라는 과정을 거쳐서 경험으로 승화하게 되는 과정을 거치게 되면 발전된 모습의 마케팅 인공지능이 탄생하는 것이라고 볼 수 있다. 〈그림 5-3〉는 인공지능을 중심한 기술적 측면에서 정보기술과 통계 및 수학적 알고리즘을 통해서 더욱 진보된 모습의 고객 지향적인 지능이 탄생하게 되는 것이다.

그림 5-3 인공지능을 가능하게 하는 요소

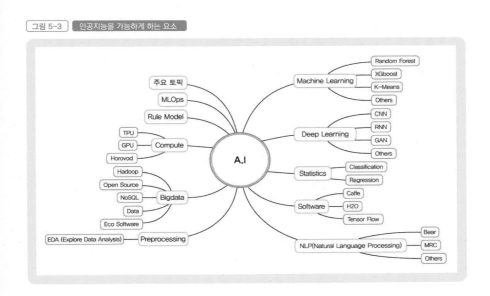

위의 그림은 인공지능을 가능하게 하는 요소를 중심으로 스토리맵으로 구성한 것이다.

각 요소를 중심으로 살펴보면,

첫째, 주요 토픽은 각종 서비스를 표현한 것으로서 금융, 제조 등 다양한 산업군에 특화된 비즈니스 모델을 의미하는 것으로 이해해도 좋을 것 같다.

예를 들면 금융산업에서 각종 금융 상품 내지는 서비스를 포함하는 것을 의미한다. 특정한 금융 상품이 있다고 가정하자. 그러한 금융 상품을 고객에게 판매할 때 구매가 가능한 타겟 고객을 설정하고 그 고객을 중심으로 마케팅 및 캠페인을 어떻게 진행할지 여부를 인공지능이 판단하거나 고객 분석을 통해서 세밀한 마케팅 전략을 세워나가는 것을 포함한다고 볼 수 있다.

둘째, 규칙기반(Rule Model)은 이미 정형화되어 내재화된 업무 중심의 규칙을 정의한 것으로 볼 수 있다. 이러한 업무 중심의 규칙은 경험이 포함된 절차 내지는 체계화된 규칙이라고 할 수 있다.

인공지능을 구축할 때 업무 중심의 규칙 기반의 모델을 사용하면 블랙박스화되어 있는 인공지능 모델로 인한 위험을 최소화할 수 있는 장점이 있다. 업무 자동화 프로세스 즉, RPA(Robotic Process Automation)를 활용하여 반복된 형태의 업무를 자동화 하거나 고객 발굴 절차 및 특성을 발굴하는 통계적 규칙 기반 모델을 활용하여 통계 모델을 작성하는 것도 포함될 수 있다. 또한 이미 만들어져 있는 인공지능 라이브러리를 활용하여 하이브리드 형태의 알고리즘으로 구현하기도 하는 등 다양한 방식이 규칙 기반에 포함된 것이라고 할 수 있다.

셋째, 인공지능 등 각종 통계 및 수학 기반의 모형 등은 계산(Compute)이라는 영역을 포함하고 있다. 이 영역은 하드웨어적으로 보완을 해주는 GPU(Graphical Processing Unit) 또는 TPU(Tensor Processing Unit) 등이 포함되며 특히, GPU등 병렬처리에 대한 한계를 소프트웨어적으로 보완하는 병렬 기반의 아키텍처 기반의 즉, Horovod라는 소프트웨어도 있다. 이 모든 것이 복잡한 연산을 바쁘고 효과적으로 지원하는 역할을 하드웨어와 소프트웨어적으로 지원하는 요소라고 할 수 있다.

넷째, 빅데이터 측면을 살펴볼 필요가 있다. 빅데이터는 데이터를 수집하여 저장, 처리 분석하면서 최종적으로는 인공지능의 영역까지를 지원하는 포괄적인 데이터의 영역이라고 할 수 있다.

빅데이터에는 하둡을 중심으로 한 HDFS라는 파일 영역이 있고 목적별 데이터의 형태를 중심으로 저장해 주는 NoSQL의 영역이 존재 한다. 그중 HDFS는 하둡 파일 시스템의 영역과 NoSQL(Not Only SQL)의 영역으로 구분되어 활용 될 수 있으며 부가적으로 관계형 데이터베이스도 포함될 수 있다.

물론, 하둡은 오픈 소스를 기반으로 각 세부 버전이 있기는 하지만 V1, V2, V3 버전이 존재하고 오픈소스를 기반으로 한 엔터프라이즈 서브 스크립션 라이선스 형태의 하둡 두 종류가 있다. 엔터프라이즈 서브 스크립션 라이선스 형태의 하둡은 대표적으로 MapR Technologies에 MapR Hadoop, Cloudera CHP 그리고 국내 기업의 NDAP등 다양한 형태의 라이선스가 있으며 사용 목적 및 기능에 따라 선택적으로 사용이 가능하다. 하둡은 빅데이터 플랫폼을 구성하는 매우 중요한 요소이고 핵심적인 기능을 수행하기 때문에 이에 대한 검토는 기술적으로 깊이 있고 세밀하게 이루어져야 한다.

다섯째, 머신러닝과 딥러닝 그리고 통계적 모형들이 있을 수 있다. 한마디로 정의하자면 인공지능 기반의 지능형 서비스를 가능하게 하는 요소로 정의할 수 있는데 이는 다양하고 복합적이며 포괄적인 부분이라는 것을 우리는 알고 있을 것이다. 머신러닝은 방대한 데이터를 알고리즘을 통해서 데이터를 분석하고 스스로 학습하는 것을 포괄적인 의미에서의 인공지능이고 그의 일부분인 딥러닝은 인간의 뇌가 학습하는 형태의 방식을 모방한 인공신경망형태의 학습을 의미한다.

물론, 오픈소스를 기반으로한 방대한 라이브러리를 활용하면 이미 만들어져 있는 훌륭한 인공지능 알고리즘을 활용하여 구현이 가능하기도 하다.

지금까지 인공지능을 이루는 부분을 간단하게 설명하였다. 이러한 다양한 요소를 융합하여 각종 산업에서 인간의 마음을 읽어 마케팅을 전개하게 되는 것으로 활용하는 것이다. 다양한 고객 분석의 기술적 배경에는 위와 같은 요소가 포함되어야 효과적이고 심도 있는 인공지능이 구현되게 될 수 있는 것이다.

이러한 부분을 예를 들면 다음과 같은 것이 있을 것이다. 인터넷 및 모바일에서의 제품 검색을 통한 자동 추천 서비스를 통한 소비자의 취향을 파악하고 자사의 마켓에 머물게하여 구매까지 이어져 매출에 큰 성과를 거두고 소비자의 소비패턴과 선호도 분석, 상호작용하는 고객 기반 마케팅이 있다.

또 다른 예로는 고객의 성향을 파악해 선호하는 메뉴 추천과 함께 제품의 재고를 미리 예측한다. 이러한 결과를 통해서 제품의 수요 예측뿐만 아니라 효율적인 운영이 가능하기 위한 반영하는 고객 기반 서비스는 최근 확대되고 있는 무인점포 등에서 많이 활용하고 있다.

뿐만 아니라 미국 최대 온라인 서점인 아마존의 경우에도 고객의 구매 경험을 기반으로 만들어진 방대한 데이터를 통해 맞춤형

도서 추천, 이에 따른 쿠폰 제공, 상품들을 효과적으로 관리하는 창고, 자동 결제하는 무인매장 전략을 활용하고 있으며 온라인 동영상 서비스인 OTT(Over the Top)기반 서비스의 대명사인 넷플릭스의 경우에도 다양한 컨텐츠와 편리한 접근성 외에도 시청 이력을 기반으로 시청자가 좋아할 만한 컨텐츠를 지속적으로 추천하거나 고객이 원하는 컨텐츠를 추천하여 제공하는 서비스 전략 등으로 향후 컨텐츠 시장에서 막강한 시장 지배력을 만들어 나가고 있다.

지금까지의 사례에서 알 수 있듯이 과거에는 광범위한 매크로 타겟팅을 이용한 단순 정보 전달의 기능이었다면 지금은 많은 기업이 마케팅에 빅데이터와 인공지능 기술을 활용하여 각기 다른 고객 개개인에 맞춰진 세분화된 취향을 분석해 기업과 고객이 효율성과 만족성을 극대화하는 전략을 전개해 나가고 있다.

특히, 코로나19로 인한 글로벌적인 전염병 대유행 이후 비대면이 가속화 되면서 온라인의 힘은 더욱 막강해지고 있다. 지금까지 엄청난 양의 빅데이터를 수집하여 활용하는 기업은 고객에게 지금보다 더 나은 서비스를 제공하고 있는데 우리도 모르게 광범위한 부분에서 인공지능을 기반으로 하는 알고리즘은 깊숙이 우리의 삶속에 스며들고 있다. 또한 단순해 보이지만 제품이나 서비스의 구입 후기를 통한 고객의 피드백 역시 기업에게는 커다란 자산이 되고 이러한 부분은 신뢰적인 기업으로 발전하기 위한 핵심적 자산으로 활용하고 있다.

그러나 이면에는 빅데이터에서 파생되는 고객의 사생활이나 개인정보 등 민감한 개인 정보 유출에 따른 부작용도 발생하고 있다. 또한 잘못된 인공지능으로 인한 피해는 고스란이 우리가 받아 들여야 하는 요소이다. 이에 대한 피해를 회피할 수 있는 고도의 기술력 역시 필요하다. 뿐만 아니라 고객이 원치 않는 정보가 제3자에게 유출 된다면 그 피해 역시 감당할 수 없음을 가슴속 깊이 생각해야 할 것이다.

5.2   **욕구를 찾는 알고리즘**

저자는 인공지능을 연구하면서 늘 생각하게 되는 개념이 욕구인 것 같다. 욕구라는 것은 무엇인가 부족한 부분을 채우려는 심리적인 부분의 한 부분이라고 정의할 수 있을 것 같다.

욕구는 생물적으로 배가 고프거나 물을 마시고 싶거나 쉬고 싶은 생물학적인 부분을 대표적으로 생각할 것이다. 이러한 욕구는 인간뿐만 아니라 대부분의 생명체에서 가지고 있는 부분이기도 하다.

하지만 본서에서의 욕구는 소프트웨어를 중심으로 한 기술적 측면을 통하여 인간의 부족한 부분을 채우려는 부분에 한정하여 바라보려고 한다.

초창기의 전화는 인간의 음성을 전달하려는 목적으로 개발되었다. 하지만 시대가 변하고 기술이 발전하면서 전화의 중심이 음성에서 데이터로 바뀌었고 이러한 데이터를 통하여 우리는 원하는 목적지를 빠르고 편리하게 찾아갈 수 있는 네비게이션 같은 기능 등을 소프트웨어와 융합하여 편리한 서비스를 제공해 주고 있다.

우리는 휴대폰를 통해서 제공되는 서비스의 대부분은 인간의 편리함이라는 욕구를 채워주는 하나의 매개체로 발전하고 있는 것이다. 물론, 우리가 편리하게 사용하는 휴대폰가 먼 훗날 어떻게,

어떤 방향으로 나아갈지는 아무도 예측할 수 없을 것이다.

인간의 부족한 부분을 채워주고 우리의 삶을 편리하게 해줄 수 있는 부분을 빅데이터와 인공지능기술로 선제적으로 찾을 수 있고 예측할 수만 있다면 기업 측면에서 엄청난 부가가치를 창출할 수도 있을 것이다.

이제부터 이러한 욕구를 찾을 수 있는 알고리즘에 대해서 하나씩 알아 보도록 하자.

첫째, 미래 수요를 예측하는 알고리즘이다. 산업마다 다양한 특색이 있기는 하지만 대다수의 기업을 이미 가지고 있는 다양한 빅데이터를 활용하여 이전에 없었던 새로운 가치를 창출하거나 고객의 니즈를 파악하여 큰 이익을 창출하는 노력을 기울이고 있다.

기업이 활용하는 원천 데이터는 고객의 이력과 관련된 각종 데이터 셋이 중심이 되고 있으며 시계열적으로 과거의 데이터가 주류를 이루고 있을 것이다. 하지만 빅데이터에서는 의미하는 데이터는 3V(Volume, Velocity, Variety)와 같은 양, 실시간, 종류라는 속성을 가진 방대한 셋트를 의미하고 있다. 이렇게 수집되고 저장된 데이터의 셋은 정제되고 학습되어 의미 있는 분석 결과를 만들 수 있다.

유통산업을 예를 들어 설명해 보겠다. 백화점은 20:80의 파레토의 법칙처럼 20% 고객이 80%의 매출을 가져다 준다는 명제를 가지고 좋은 고객을 발굴하고 이러한 고객과 지속적인 관계의 강화를 통하여 이익을 창출하는 데 노력을 기울이고 있다. 20% 고객의 욕구를 채워 줄 좋은 제품을 구비하여 만족하는데 마케팅의 역량이 집중될 것이기 때문에 고객 관계관리가 중심이 될 것이다.

하지만 동일한 유통 산업인데도 불구하고 마트는 20:80 법칙이 통용되지 않는 특성을 가지고 있다. 대다수의 마트는 20%의 고객을 지향하지 않고 값싸고 질 좋은 제품을 많이 구비하여 20%의 고객이 아닌 80% 그 이상의 고객을 대상으로 마케팅 활동이 전개되어야 할 것이다.

물론, 그러한 고객 중에도 많은 매출을 가져다 주는 고객도 있기는 하지만 그러한 고객이 중심이 되지는 않는다. 또한 백화점과 마트의 고객은 방문하는 고객에서도 많은 차이가 있다.

백화점은 개개인이 방문하는 특성을 가지고 있지만 마트의 경우 일가족 내지는 다수의 인원이 함께 방문하여 구매하는 특성 또한 가지고 있다.

이러한 고객의 특성을 세밀하게 분석하고 제품과 제품, 고객과 제품 등 다양한 인자를 연계하여 분석하여 마케팅에 활용하여 고객의 욕구를 채워 줄 수 있다면 이미 그러한 마케팅은 성공한 것이나 다름이 없을 것이다.

 그림 5-4 　그림 유통산업의 종류 및 특징

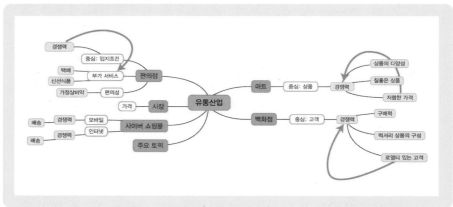

〈그림 5-4〉는 유통산업의 종류 및 특징에서 각각의 경쟁력을 정리한 자료이다.

최근 오프라인 매장 대비 성장성을 보았을 때 인터넷 쇼핑몰등 사이버 쇼핑몰이 획기적으로 성장하고 있다. 인터넷 및 모바일 기반의 쇼핑몰의 경쟁력은 아마도 배송일 것이다. 구입한 제품을 빠른 시간에 최소한의 비용을 받을 수 있다면 특별한 이슈가 없다면 굳이 시간과 노력 그리고 비용을 들여서 오프라인 매장에 방문할 일이 없을 것이다. 따라서 대다수의 인터넷 플랫폼 기반 쇼핑몰이 물류를 중심으로 외형을 확장하는 것이 이러한 이유일 것이다.

지금까지 유통산업의 특징 및 경쟁력을 알아 보았다. 고객의 불편한 점이 무엇이고 이를 해결하려는 노력 등의 일련의 과정을 세밀하게 분석을 한다면 우리는 경쟁력 있는 유통 기업을 만들 수 있을 것이다.

유통산업에서 경쟁력을 확보하고 고객의 필요로 하는 욕구를 파악하기 위해서 우리는 데이터를 확보하여야 한다. 물론, 유통의 업태마다 보유하고 필요로 하는 데이터는 다양할 수 있으며 기업들이 추구하는 가치 및 경영 전략에 따라 활용하려는 원천 데이터 셋 및 분석의 기술 또한 다양할 것이다.

결과론적으로 기업과 마케터들은 점차 빅데이터와 기계학습 기반의 마케팅을 이해하고 그것을 활용하여 경쟁력을 강화할 것으로 보이며 특히, 수요예측에 있어서는 인공지능 기반의 기술력이 상당히 활용되고 있는데 이를 통해 고객은 좀더 의미있는 경험을 하게 되고, 기업은 적은 비용으로 구매할 고객을 대상으로 자신들의 제품을 타겟 마케팅을 진행할 수 있게 되는 것이다.

다음은 이러한 예측을 가능하게 하는 기술적 요소의 세트로서
는 다음과 같은 것이 있을 수 있다.

그림 5-5 그림 고객 예측을 위한 ICT 기술 세트

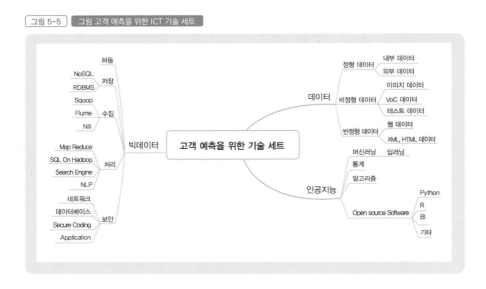

이러한 기술 셋트는 광범위한 정보 기술 측면의 요소를 포함하
고 있으며 글로벌 선진 기업들은 자사의 기술적, 분석 역량을 영역
별 프레임 워크화하여 오픈소스 소프트웨어라는 이름으로 배포하
여 관련 기술이 지속적으로 발전할 수 있도록 배포하고 있다.

고객 예측을 위한 ICT 기술 세트는 기술과 데이터로 나눌 수 있
으며 기술과 데이터는 빅데이터 랜드스케이프(Bigdata Land Scape)
에 산업별, 기술별로 지속적으로 업데이트하여 배포하고 있다.

다양한 포털 사이트에서 빅데이터 랜드스케이프를 검색하면 쉽
게 찾아볼 수 있다. 하지만 너무 광범위하게 다양한 부분을 표현하

고 있어 이를 이해하기란 매우 어려울 것이다.

빅데이터 랜드스케이프는 다양하고 방대한 기술적 내용을 중심으로 빅데이터와 인공지능 기술들이 나열되어 활용되고 있다.

현대의 기업은 고객의 욕구를 분석하고 이를 기반으로 고객이 원하는 제품의 개발과 함께 마케팅채널, 판매 등은 기본적인 요소이며 선제적으로 고객의 니즈를 파악하는 데 초점을 두어야 고객이 원하는 맞춤형 마케팅을 통해 진화한 고객들의 취향을 맞출 수 있게 된다. 제품과 기업의 라이프 사이클이 짧아지고 고객의 요구는 다양화되고 증대되는 지금 변화에 대응하는 역량이 있어야 변동성이 끊임없이 발생하는 시장 환경에서 더욱 필수적이라 할 수 있겠다.

이처럼 소비자의 미래에 대한 예측을 도와 주는 것이 데이터이며, 예측을 위해 고객의 행동 데이터 패턴을 인식하고 데이터를 통해 알고리즘을 찾는 것이 마케팅 측면에서 고객 중심으로 전환되는 것이 고객의 욕구를 찾는 유일한 방법인 것을 인식해야 할 것이다.

5.3 미래를 만들어 가는 알고리즘

미래라는 것을 생각할 때 저자는 과거 수십 년 전 지하철 안에 풍경을 생각해 보게 된다. 지하철의 비좁은 내부에 차량을 칸칸이 다니며 신문을 파는 분들을 보았을 것이다.

무거운 신문을 하루 종일 들고 다니며 신문을 판매하면 승객들은 지나치질 않고 구입하여 하루의 기사를 꼼꼼히 읽는 모습은 흔한 우리의 출퇴근 모습이었다. 하지만 세월이 지나고 스마트폰이 대중적으로 보급되면서 신문을 읽는 우리의 모습은 보이지 않고 그저 작은 스마트 폰의 화면만을 주시하고 읽는 승객이 대다수의 모습으로 우리의 지하철 승객의 풍경이 바뀌었다는 것을 새삼 느끼게 된다. 뿐만 아니라 새로운 뉴스 기사와 아울러 간략하게 정리된 기사와 함께 인공지능 알고리즘을 활용한 대다수가 읽는 인기 있는 기사 그리고 간략하게 간추린 기사들도 접하게 된다.

한번 읽고 버리는 신문기사와는 다르게 관심 있고 도움이 되는 기사는 휴대폰안에 정리가 되어 언제라도 필요하면 볼 수 있기도 하기 때문에 우리 일상에 많은 도움을 주기도 한다.

이렇게 변화하는 우리의 생활 속에서 빅데이터와 인공지능 기술은 미래를 만들어 나가고 있고 그 미래 속에 우리는 적응하며 살아가고 있는 것이다.

이러한 도움을 주는 인공지능(Artificial Intelligence, A.I) 기술을 말할 때 강한 인공지능(Strong Artificial Intelligence, S.A.I)과 약한 인공지능(Weak Artificial Intelligence W.A.I)을 언급하곤 한다.

강한 인공지능이 목표로 하는 것은 인간의 뇌와 같이 학습하여 어떠한 문제를 해결하는 행위 즉, 인간을 대체하는 것을 의미하며 인간을 지적 능력 및 행위를 능가하는 것도 포함하는 범주의 영역을 강한 인공지능이라고 할 수도 있다.

인공지능을 이루는 것은 퍼즐처럼 다양한 알고리즘과 알고리즘이 연결되어 완성되면 또 다른 알고리즘이 되고 그러한 알고리즘들이 모여 완성된 인공지능으로 한걸음씩 다가가게 되는 것이다.

알고리즘은 어떠한 문제를 해결해 나가는 과정으로 정의할 수 있는데 이러한 알고리즘은 인공지능을 가능하게 해주는 경험의 산물인 데이터를 기반으로 정의할 수 있다.

휴대폰가 출시되고 스마트폰으로 발전하는 과정에서 우리의 생활은 많은 부분에서 변화가 생겼다. 이제는 휴대폰가 없다면 아무것도 할 수 없으며 어린 아이에서부터 노인까지 인간의 삶 자체가 투영되어 이 모든 행위가 작은 휴대폰속에 손톱만큼 작은 메모리에 담겨지게 된다.

작은 휴대폰에 내재되어 있는 각종 APP을 중심으로 수많은 서비스를 통하여 보게 된다면 과거 10년전에 우리의 삶과 지금 우리의 삶은 많은 변화가 있다는 것을 느낄 수 있을 것이다.

통신기능을 갖춘 전화가 컴퓨터와 융합이 되어 휴대폰로 음악도 듣고 집을 지을 때 수평계 역활도 해주며 길을 안내 해주기도 하고 번역을 해주고 카메라의 기능뿐만 아니라 실시간적으로 신문기사도 생생하게 볼 수 있게 해주는 실로 도깨비 방망이 같은 편리함을 안겨 주고 있다.

이제는 기술이 우리의 미래를 만들어 가고 있는 듯하다. 우리의 미래를 기술이라는 매개체를 통해서 깔아놓은 비단길을 인간은 그저 쉽게 밟고 걸어가는 것이라고 해도 무리가 없을 것이다.

그림 5-6 | 그림 기술의 변화에 의한 미래

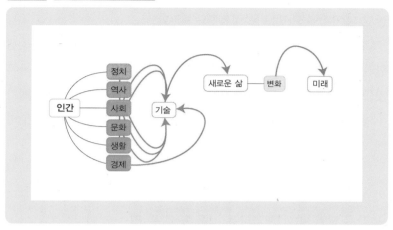

인공지능을 원론적으로 돌아가서 보면 1950년 영국의 수학자 앨런 튜링 이후 지속적인 발전을 이룬 인공지능의 역사는 대략 70년이 조금 넘었다고 볼 수 있다. 이러한 인공지능이 우리 사회 곳곳 모든 분야에 뿌리깊게 자리잡고 있다. 일상 생활에서 쉽게 접할 수 있는 온라인 쇼핑몰에서의 부터 금융, 의료, 교육, 산업 및 사회 전분야에 이르기까지 정말로 눈부신 속도로 광범위하게 우리의 삶을 변화시키고 있다.

예를 들어 전기차의 시대가 이미 도래했고 빅데이터와 소프트웨어 기술의 발전으로 자율주행 자동차의 시대가 본격적으로 예고되고 있는 지금 레이더, 라이더 같은 각종 센싱 기술에서 만들어지는 빅데이터 그리고 CNN, RNN 과 같은 인공신경망 기술 및 데이터 처리 기술의 산물인 자율 주행 자동차가 보편화되면 정치, 경제, 사회라는 포괄적인 부분뿐만 아니라 우리의 삶 법률, 생활 등의 영역까지 매우 큰 변화를 통해서 이전에 우리가 겪어 보지 못했던 새로운 미래가 펼쳐지게 되는 것이다.

빅데이터와 인공지능 기술로 하여금 우리의 미래는 역설적으로 기술이 만들어 나가게 되는 것이다. 마빈 민스키(Mavin Lee Minsky) 미국 매사추세츠공대(MIT) 명예교수는 "사람이 수행했을 때 지능이 필요한 일을 기계에 수행시키고자 하는 학문과 기술"이라고 정의했다. 또 이러한 인공지능이 사람의 경험과 지식을 바탕으로 새로운 문제를 해결하는 능력, 자율적으로 움직이는 능력 등을 실현하는 기술이고, 인공지능의 궁극적인 목표는 사람처럼 생각하는 기계를 개발하는 것이라고 말했다. 이전의 기술과는 많은 차이가 존재한다.

18세기 영국에서 시작됐던 산업혁명이 당시의 변화를 주도했듯이 인공지능이 앞으로의 세상을 주도 할 것이라고 생각되며 그의 중심에는 데이터를 기반으로 하는 알고리즘 생성에서부터 활용에 이르기까지 거의 모든 영역에서 활용이 될 것이다.

우리가 상품을 구입할 때 주로 이용하는 새벽배송은 최적의 물류 시스템과 공급망 그리고 다양한 데이터로 인해서 구매에 대한 인식을 바꾸어 놓고 있다. 〈그림 5-7〉 [유통업 중 새벽 배송 서비스에서 데이터 생성]에서와 같이 새벽 배송으로 인해서 만들어지는 데이터는 실로 엄청난 데이터가 생성되며 데이터의 종류 또한 정형, 비정형 데이터로 다양하다고 할 수 있다.

새벽 배송 서비스로 인해서 원하는 제품을 우리가 잠든 사이에 우리 집의 문 앞에 배송하고 심지어 사진까지 찍어서 도착했다는 메시지까지 전달해 주니 도난의 염려도 없을 뿐만 아니라 빠른 배송으로 인해서 비용과 시간을 절약하게 해주니 우리의 삶은 이전과는 비교가 될 수 없을 정도의 편리한 생활을 가능하게 해주고 있다.

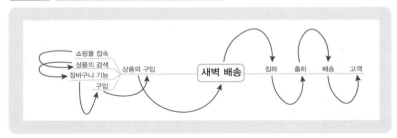

그림 5-7 ㅣ 유통업 중 새벽배송 서비스에서 데이터 생성

인터넷 또는 모바일 쇼핑몰에 접속을 하여 원하는 제품을 검색하고 구입하기까지 다음과 같은 기술적 요소가 포함되어 있다.

첫째, 쇼핑몰에 접속하여 제품을 검색하고 비교하여 가격과 품질이 맞는 상품을 장바구니에 옮겨 담을 때 생성되는 데이터의 셋은 다음과 같다.

(1) 인터넷 및 모바일 접속 기기의 MAC Address 및 ADID 데이터, IP Address 데이터, 지역 정보 데이터 등
(2) 사이트 접속을 위한 ID, Password, 상품 카테고리, 상품 관련 각종 Log Data, 접속 정보, 상품 추천 서비스 기반 관련 데이터
(3) 구입 정보를 통한 장바구니 정보, 구매 결제 정보(신용카드 및 지불결제, 현금 등)를 중심으로 한 구매 결제 데이터
(4) 상품 배송에 따른 집하 및 출하, 배송에 관련된 데이터 및 상품 관련 후기 및 각종 등급 데이터 등

기업은 이렇게 생성된 데이터를 기반으로 새로운 서비스를 만들고 고객이 만족할 수 있는 행위를 지속적으로 할 수 있게 되는 원천으로 활용하고 있다. 이러한 데이터는 고객의 행동을 분석하

는 과학적인 영역으로 발전하고 있고, 고객의 입장에서는 취향에 맞는 서비스를 발굴하기 위한 정보로 이용되고 있다는 것이 리뷰일 것이다.

이러한 리뷰는 단순 글자의 전달이 아닌 사진과 영상이 추가되면서 긍정적인 리뷰를 통하여 제품 후기가 신뢰로 다가간다면 바로 구매를 통한 결제를 진행한다. 데이터 기반의 알고리즘의 진화는 기업과 고객 모두에게 중요한 기술로서 판매자와 구매자 모두에게 이로운 이타주의로 변화하는 것을 우리는 느낄 것이다.

위에서 언급한 새벽배송 서비스는 다양한 OLTP(On Line Transaction Processing), SCM(Supply Chain Management), Bigdata, AI 기술들이 융합된 서비스로서 축적된 데이터 및 인공지능 기술로 인해서 새로운 서비스로 더욱 발전해 나갈 것이다.

그로 인한 우리의 삶의 패턴이 우리가 상상할 수 없는 새로운 형태로 계속 바뀔 것이며, 그 미래는 어떻게 될지 누구도 상상할 수 없을 것이다.

4차산업을 가능하게 하는 요소가 빅데이터, 인공지능, 클라우드, 네트워크 기술이라고 한다. 이러한 기술이 융합되면 단순히 고객에게 상품의 구매에서부터 배송의 편리함을 넘어서 어떻게 될지는 이 책을 읽는 독자들의 상상력에 맡기려 한다.

우리는 끊임없이 생성되는 기계와 인간의 데이터 속에서 각각 떨어져 있던 데이터는 서로 연결되어 정보로 바뀌고 그 정보는 지식을 넘어서 지혜로 바뀌는 시대에 살고 있다.

지혜는 오랜 경험에서 탄생한다는 것을 우리는 알고 있다. 인간이 동물과 다른 점은 오랜 경험을 글자와 그림으로 다음 세대에 전하고 나이든 사람들의 경험을 공유할 줄 아는 것이 인간과 동물과 다른 점이라는 것을 잘 알고 있다.

과거의 지혜는 경험을 내재화 시키는 과정을 통해서 인간만이 가지고 있었다. 하지만 종래에 없었던 경험이 데이터로 표출되고 다시 알고리즘을 통해서 만들어진 인공지능을 통해서 인간의 지혜를 뛰어넘는 단계로 빠르게 다가가고 있다.

지금의 지혜는 굳이 소프트웨어의 버전으로 따지자면 Ver 1.0의 단계인 인간의 지혜보다 조금 못한 정도가 되지 않을까 싶다. 마치 자율주행 자동차의 인간의 개념을 Level로 표현한 것처럼 말이다. 조만간 알고리즘이 지혜의 단계의 Ver 2.0의 단계로 갈 것이고 어떤 부분에서는 이미 넘어선 부분도 있다는 것을 우리의 삶 속에서 알 수 있을 것이다.

그림 5-8   미래의 지혜

많은 사람들이 인공지능과 알고리즘을 얘기할 때 우리의 삶과는 무관한 부분이라고 말을 하고 있고 많은 부분에서 거부감 내지는 두려움을 가지고 있는 것이 현실이다. 하지만 기술이 고도화되고 그 발전이 지속적으로 진화됨에 따라 그 속도는 우리가 상상할 수 없을 정도로 가속도가 붙어서 과거의 10년이 지금의 1개월보다도 대역폭이 작게 느껴지기도 한다.

때로는 실수하고 우리의 생각과는 다른 인공지능이 우리에게 다가오더라도 함께 같이 살아가는 공생의 길을 모색해야 될 것이다.

지금의 인공지능이 지혜 ver 1.0 단계이지만 끊임없이 학습하고 축적되고 진화하여 언젠가는 인간의 지능을 능가할 때가 올 것이기 때문이다.

'양날의 검'이란 한쪽으로는 이익이 되면서 다른 한쪽으로는 부작용을 가져올 때 우리가 자주 사용하는 비유적인 표현이다. 분명 알고리즘은 우리에게는 없어서는 안되는 기술의 논리적 영역이지만 예상치 못한 부정적인 결과 또한 초래할 수 있다. 아마도 그 시점은 알고리즘이 행위가 되는 순간이 되지 않을까 생각한다.

알고리즘이 행위가 되는 순간에는 컴퓨터가 이해하고 생각한 부분의 결론이 행위로 표출이 되는 순간 즉, 그 결과로 인해서 발생되거나 영향을 미칠 부분을 찾아 우리는 대비해야 공존이 가능할 것이다. 우리는 인공지능과 공존하기 위해서 무엇을 준비해야 할까 고민하지 않을 수 없다.

5.4.1. 공존의 속성

공존(共存)이라는 단어의 의미는 서로 함께하여 존재함이라고 정의할 수 있다. 우리가 살아가기 위해서는 생물학적으로 필수 불가결한 요소인 물, 공기, 햇빛, 온도 등등 수많은 요소가 지구라는 영역에서 살아남기 위해 반드시 있어야 되는 절대적인 요소가 있다. 이러한 절대적 요소를 기반으로 모든 생명이 있는 존재는 종을 이어가고 있다.

생각해 보면 이러한 절대적인 요소는 실로 나열할 수 없을 정도로 수없이 많은 요소가 있으며 이러한 요소가 지니고 있는 변하지 않는 절대값이라는 속성 또한 가지고 있다.

인간은 크게는 36.5 °C라는 체온에 지구의 모든 것이 환경이 맞추어져 있다. 여기에서 조금의 오차가 있기는 하지만 인간과 지구의 모든 환경적 요소가 유기적으로 연결이 되어 있는데 여기서 지구의 온도가 1°C라도 오르게 되면 환경적인 유기적 속성이 파괴되어 엄청난 환경 재앙을 발생하기도 한다.

이러한 결과는 해수면의 상승, 빙하의 감소 같은 결과가 잉태되어 결국에서는 인간의 삶 자체가 파괴되기도 하는 것이다. 이처럼 인간은 매우 나약한 존재이며 절대 의존적 존재라는 것을 알 수 있다.

지금까지 나열한 상호 의존성은 자연적인 요소에 기인하지만 앞으로의 상호 의존성은 인위적인 요소에서 출발할 것이다. 그 이유는 기술로서 만들어진 행위의 매개체인 인공지능에 의존하는 인간의 영역이 생활의 편리 라는 측면을 넘어서 원초적인 생존이라는 측면의 절대적 상호 의존성이 생기게 되기 때문이다.

5.4.2 공존을 위한 요소

인간의 익숙함은 경험이라는 요소로서 맥락을 같이 하지만 맹목적으로 길들여지는 속성을 가진다.

일반적으로 사람들은 아침에 일어나서 식사를 하고 세면을 하고 하루 일과를 시작하다. 이러한 순서를 바꾸어 세면을 하고 식사를 하면 무엇인가 익숙하지 않고 낯선 느낌을 가진다. 마치 오랫동안 다니던 직장을 그만두고 새로운 곳으로 이직을 하여 출근을 할 때면 익숙하지 않으며 여러 번 반복하여 출근을 하게 되면 익숙해지는 것과 같은 이치이다.

인공지능은 이렇듯 반복적인 경험을 통해서 만들어진 익숙함의 산물이기도 하다. 이러한 인공지능의 위협이 아닌 상호 공존 하는 영역으로 들어가기 위해서 우리는 이에 대한 준비를 하여야 한다.

이러한 측면에서는 어떤 부분이 있는지 알아보도록 하자.

첫째, 법률이라는 측면에서 가이드 라인을 만들어서 공공의 이익이라는 측면에서 만들어지거나 길들여지기도 하는 측면도 있다. 기술과 법률은 과거는 법률이 기술보다는 앞서가는 측면이 있어서 별 문제가 되지 않았지만 산업혁명을 중심으로 한 기술이 획기적으로 발전하는 기대에 접어들어서는 법률보다 기술이 역전이 되어 선제적으로 방어하기가 힘들어지고 있다.

예를 들어 자동차가 등장하면서 186년 영국에서 적기 조례라는 법을 만들어 최고 속도를 시속 6킬로 제한 속도 규정을 만들어 아무리 속도가 빠른 자동차를 만들어도 법률적인 가이드라인 때문에 더 빨리 운행 할 수 없었던 사례를 알고 있을 것이다. 이러한 기술의 발전을 저해하는 측면으로 인해서 그 당시 영국의 자동차 산업을 퇴보할 수밖에 없었다. 이러한 사례에서 자율 주행자동차가 대중화가 실현되면 산업적, 사회적, 윤리적 문제에서 탈피해 선제적으로 대응하지 못한다면 암담한 현실이 만들어 질 것이다.

또한, 차량 공유 서비스인 우버 그리고 숙박 공유 서비스를 제공하는 에어비엔비 같은 사례에서도 볼 수 있을 것이다.

둘째, 윤리적인 문제이다. 윤리는 인간들이 보편적으로 생각하는 광범위한 부분에서 우리의 사고 방식과 저해되는 측면에서 우리의 생명, 문화 등의 측면을 인공지능에게 맡기고 우리가 의존하는데 문제가 있을 수 있다. 인공지능을 이용하여 공공의 이익보다는 특정 범죄 집단 등에서 악용하는 사례일 것이다.

예를 들어 자율 주행 자동차를 타고 가다가 오른쪽으로 가는 방향에는 세 명의 사람이 있고 왼쪽에는 두 명의 사람이 있다고 가정하자. 이 두 가지 길을 가다가 차량의 결함이 발생하여 사고가 난다고 하면 왼쪽은 두 명이 다치고 오른쪽으로 가면 세 명이 다친다고 하면 자율 주행 자동차는 어디로 가야 할지 고민하지 않을 수 없다. 그 판단은 인간이 아닌 고스란히 자동차의 몫이 될 것이다.

이러한 측면에서 보았을 때 인간에 대한 생명적인 측면, 윤리적인 측면, 법률적인 측면 등 우리가 고려해야 될 상황은 수없이 많이 발생할 수밖에는 없을 것이다. 이러한 상황에서 어떻게 행동을 해야 할지에 대한 고민은 지금부터라도 시작을 해야 하지 않을까 생각한다.

세번째, 인공지능의 발전에 따른 막연한 두려움에서 이를 회피하거나 사용하지 않는 것을 생각할 수 있다. 이런 갈등은 수없이 만들어지고 있는 것이 지금의 현실이다. 내가 원하는 상품을 추천 받고 그 제품을 사용하거나 음식점에서 먹고 싶은 음식을 주문하는 키오스크 서비스처럼 사용하는 데 익숙하지 않아서 그저 회피하게 된다면 그 이후에는 적응하는 사람은 문제가 없지만 적응하지 못하는 사람은 점점 퇴보 될 것이기 때문이다.

　이러한 세 가지의 측면에서 인공지능과 함께하는 공존이라는 측면에서 알아보았다. 공존을 한다는 것은 막연한 신뢰보다는 기술보다 앞서는 지식적 경험을 내재화하는 과정을 거쳐야 완성될 것이다. 인간은 늘 의지하게 되는 속성을 가지고 있다. 그리고 그 속성 안에는 함께 동화되는 요소 또한 가지고 있다. 이러한 양면의 측면에서 어떻게 살아갈지는 깊이 고민을 하지 않을 수 없다.

　앞으로 빅데이터와 인공지능 기술로 어떠한 서비스가 나오고 우리는 어떻게 변화할지는 아무도 모른다. 또한, 인공지능이 어디까지 발전할 지 또한 지금으로서는 알 수 없다. 하지만 분명한 것은 우리가 인공지능의 세상에 적응하며 공존하지 못한다면 우리는 살아가기 어렵다는 사실은 분명하기 때문이다.

맺음말

최근 들어 다양한 매체를 통해서 인공지능 또는 알고리즘이라는 단어가 심심치 않게 나오고 있다.

이러한 알고리즘을 얘기할 때 우리는 어려운 통계학, 수학 등의 산술 공식과 함께 컴퓨터 개발 언어 등을 떠 올리곤 한다. 알고리즘은 인공지능 기술을 가능하게 해주는 핵심적인 요소로서 본다면 어려운 수학 공식을 떠올리게 되는 것도 무리가 아닐 것이기 때문이다.

인간은 끊임없이 도구를 만들며 기술을 발전시켜 왔으며 이를 통하여 찬란한 문명을 만들어 왔고 지금도 지속적으로 발전하고 있다. 하지만 그러한 기술을 가능하게 했던 것은 우리가 행하는 모든 것이 경험과 학습으로 내재화되어 그것의 결과물이 알고리즘으로 탄생한 것이 아니었나 생각한다.

추운 겨울이 지나 봄이 오면 꽃이 피고 벌들은 꽃가루를 다른 꽃으로 전파하고 더운 여름이 지나면서 열매를 맺고 가을이 오면 자신의 역할을 마친 식물의 잎은 땅으로 떨어져 흙으로 돌아가 다시 양분이 되고 겨울이 되면 잠시 휴식을 취하게 되는 것이 비단 자연 속의 식물 만이 아니라 인간도 같다는 것을 알고 있을 것이다. 물론, 인간도 자연계의 일부분이기 때문에 잉태되어 태어나기까지 치열한 경쟁의 과정을 통해서 나고 자라고 늙으며 이내 흙으로 돌아가는 것이 이와 다르지 않다.

우리가 알고 있는 알고리즘은 수천억 분의 일도 안 되는 아주 작은 부분일 것이다.

그러한 작은 알고리즘의 일부분이라도 모두 알기에는 불가능하겠지만 일부분의 알고리즘도 수학의 팩토리얼처럼 알고리즘이 알고리즘을 만들어 내는 무한 알고리즘이 아닐까도 생각된다.

엄청난 정보기술의 발전을 통하여 만들어진 알고리즘인 인공지능은 아직도 우리가 걷는 것, 밥을 먹는 것처럼 단순한 것도 완벽하게 만들어 내지 못하고 있다.
하지만 특이점(Singularity)를 넘어서 완벽한 인공지능이 만들어 지게 될 날이 머지 않았다는 것을 우리는 피부로 느끼고 있다.

하루가 다르게 발전하는 기술의 혼란 시대에 이 책이 독자 여러분께 알고리즘을 이해하기 위한 쉬운 도구로 활용 되기를 간절히 소망하면서 마칠까 한다.

저자 소개

문영상

숭실대학교 정보과학대학원에서 빅데이터 및 인공지능을 강의하고 있으며 대규모 빅데이터 및 인공지능 프로젝트를 구축, 설계, 자문하고 있다. 인공지능 기반의 음성인식 및 알고리즘을 연구하고 있으며 국내 기업의 빅데이터 및 인공지능 부문 기술 자문역을 담당하고 있다.

저서로는 국가직무능력표준(NCS) 빅데이터 부문을 설계 및 집필하였으며 단행본으로는 『인사이트 플랫폼』, 『빅데이터 실무 기술 가이드』 등이 있다.

김보미

인공지능 기반의 홍보 마케팅 대행사인 비브릿지 커뮤니케이션 대표를 맡고 있다. 이전에 현대차증권 홍보팀과 현대그룹 홍보실에서 일했으며 현재 글로벌 및 국내 기업의 마케팅을 대행하며 빅데이터 기반의 인공지능 플랫폼을 통한 마케팅 서비스 지능화 사업을 준비하고 있다.

관심분야로서는 마케팅을 중심으로 한 인공지능과 빅데이터 플랫폼 분야이다.

박준호

미국 Wang Laboratories에서 시스템 엔지니어를 시작으로 하여 Kodak을 포함한 IT기업에서 다양한 실무를 경험하였다. 현재 비정형 데이터를 중심으로 한 자연어 처리 및 지능화 플랫폼 분야의 업무를 하고 있으며, 공저로 『인사이트 플랫폼』이 있다.

감수

황기현

숭실대학교 정보과학대학원 ICT테크노정책학과와 디지털혁신기술학과 주임교수로 재직 중이다. 영국 버밍햄대학교에서 기술경영과 품질경영으로 박사학위를 받았으며, ICT융합혁신, 전자정부, 인공지능 분야의 개도국 국가 정책 및 전략 연구를 수행하고 있다.

현재, 대한기록정보경영포럼 회장이며, ISO TC 46 SC11 K와 ISO TC 171 K 전문위원으로 활동하고 있다. SSCI저널과 등재지에 40편의 논문을 발표하였으며 저서로는 『생산운영관리』 등 3편이 있다.

알고리즘이 지혜가 되는 순간

초판발행	2022년 11월 30일
지은이	문영상·김보미·박준호
펴낸이	안종만·안상준
편 집	김윤정
기획/마케팅	정성혁
디자인	이소연
제 작	고철민·조영환
펴낸곳	(주) **박영사**
	서울특별시 금천구 가산디지털2로 53, 210호(가산동, 한라시그마밸리)
	등록 1959.3.11. 제300-1959-1호(倫)
전 화	02)733-6771
f a x	02)736-4818
e-mail	pys@pybook.co.kr
homepage	www.pybook.co.kr
ISBN	979-11-303-1639-0 03320

정 가   14,000원